QUEM TEM MEDO DO LOBO MAU?
O IMPACTO DO POLITICAMENTE CORRETO
NA FORMAÇÃO DAS CRIANÇAS

CB056932

PAPIRUS ◆ DEBATES

A coleção Papirus Debates foi criada em 2003 com o objetivo de trazer a você, leitor, os temas que pautam as discussões de nosso tempo, tanto na esfera individual como na coletiva. Por meio de diálogos propostos, registrados e depois convertidos em texto por nossa equipe, os livros desta coleção apresentam o ponto de vista e as reflexões dos principais pensadores da atualidade no Brasil, em leitura agradável e provocadora.

ILAN BRENMAN
LUIZ FELIPE PONDÉ

QUEM TEM MEDO DO LOBO MAU?
O IMPACTO DO POLITICAMENTE CORRETO
NA FORMAÇÃO DAS CRIANÇAS

PAPIRUS 7 MARES

Capa	Fernando Cornacchia
Transcrição	Nestor Tsu
Coordenação e edição	Ana Carolina Freitas
Diagramação	DPG Editora
Revisão	Isabel Petronilha Costa

Dados Internacionais de Catalogação na Publicação (CIP)
(Câmara Brasileira do Livro, SP, Brasil)

Brenman, Ilan
    Quem tem medo do lobo mau?: O impacto do politicamente correto na formação das crianças/Ilan Brenman, Luiz Felipe Pondé. – Campinas, SP: Papirus 7 Mares, 2019. – (Coleção Papirus Debates)

ISBN 978-85-9555-024-7

1. Crianças – Formação 2. Crianças – Livros e leitura 3. Jovens – Livros e leitura 4. Educação de crianças 5. Jovens – Educação 6. Professores e alunos I. Pondé, Luiz Felipe. II. Título. III. Série.

19-28263   CDD-370

Índice para catálogo sistemático:
1. Crianças: Formação: Educação   370

Cibele Maria Dias – Bibliotecária – CRB-8/9427

1ª Edição – 2019
3ª Reimpressão – 2023

Exceto no caso de citações, a grafia deste livro está atualizada segundo o Acordo Ortográfico da Língua Portuguesa adotado no Brasil a partir de 2009.

Proibida a reprodução total ou parcial da obra de acordo com a lei 9.610/98.
Editora afiliada à Associação Brasileira dos Direitos Reprográficos (ABDR).

DIREITOS RESERVADOS PARA A LÍNGUA PORTUGUESA:
© M.R. Cornacchia Editora Ltda. – Papirus 7 Mares
R. Barata Ribeiro, 79, sala 316 – CEP 13023-030 – Vila Itapura
Fone: (19) 3790-1300 – Campinas – São Paulo – Brasil
E-mail: editora@papirus.com.br – www.papirus.com.br

SUMÁRIO

Crianças perdidas 7

O monstro adormecido 19

Pais "limpa-trilhos" 35

O controle da linguagem (e do poder) 45

Os óculos da infância 55

Caça às bruxas 65

Imunização literária 78

A importância do mundo simbólico 88

Glossário 104

N.B. Na edição do texto foram incluídas notas explicativas no rodapé das páginas. Além disso, as palavras em **negrito** integram um **glossário** ao final do livro, com dados complementares sobre as pessoas citadas.

Crianças perdidas

Ilan Brenman – Eu venho estudando o impacto do politicamente correto na literatura infantil e na sociedade em geral desde 2003. O meu doutorado, concluído em 2008, foi sobre esse assunto.* Naquela época, eu já vinha sentindo uma onda que chamei de eugenia literária. O que seria isso? Seria a vontade por parte de algumas pessoas e de alguns grupos de limpar e modificar as histórias de acordo com as suas crenças pessoais ou coletivas. Como escritor e educador, vivi cenas engraçadas e angustiantes nas escolas por conta disso. Por exemplo, lá nos idos dos anos 2000, eu contava uma

---

* "A condenação de Emília: Uma reflexão sobre a produção de livros politicamente corretos destinados às crianças". (N.E.)

história chamada "O macaco e a velha".* É um conto popular maravilhoso, que tem uma origem secular. Dá para fazer altas análises antropológicas dele e tudo o mais. No final da história, há uma musiquinha: "Eu vi a bunda da velha iá, iá, eu vi a bunda da velha". Apenas isso. E uma diretora me chamou de canto e perguntou: "Senhor Ilan Brenman, você falou a palavra 'bunda'?". Respondi: "Sim". "Você não acha inadequada a palavra 'bunda' para crianças de seis ou sete anos?" "Não."

Luiz Felipe Pondé – Elas devem falar essa palavra mais do que a gente!

Ilan – Pois é! Aí olhei para ela e disse assim: "Qual o problema de falar a palavra 'bunda'? Por acaso a senhora não tem bunda?". Ela me mandou embora da escola. Anos depois voltei para a mesma escola, dessa vez como palestrante e estudioso do tema do politicamente correto, e essa diretora estava na plateia. Depois da minha fala, conversamos um pouco e ela pareceu entender o que significa proibir palavras. Claro, também pedi desculpas pela minha rebeldia juvenil.

Todo mundo tem bunda. Se for proibido falar a palavra "bunda", as crianças vão ficar o ano todo repetindo: "Bunda, bunda, bunda". É algo meio clássico! Um educador deveria saber isso. Não estou fazendo uma apologia ao ato de falar palavras

---

* Na história, a velha tenta se vingar de um macaco que rouba as bananas de seu quintal. (N.E.)

consideradas tabus, ou que educadores acham inadequadas, mas dizendo que devemos lidar com isso de forma natural e menos controladora. Esse é um dos exemplos que fui vivendo concomitantemente aos meus estudos acadêmicos. Imaginei na época que aquilo fosse uma fase passageira, cíclica na sociedade brasileira, e no mundo também, só que eu me enganei. Esse movimento de querer controlar o que lemos e sentimos nas nossas leituras se intensificou. Eu diria até que ficou de uma forma descontrolada, tanto na nossa sociedade quanto no exterior. Aliás, **George Orwell** – de quem o mundo tem falado muito ultimamente, por uma razão: ele nunca foi tão atual – dizia que a tirania dos homens começa com a tirania das palavras.

Pondé – Eu não tenho muita experiência com criança a não ser por ter dois filhos. Mas eu dou aula na graduação há mais de 20 anos, e professor é assim: a cada ano, está mais velho, mas o aluno tem sempre a mesma idade. Tenho, então, alunos de 18 anos que já passaram por esse estrago que acho que a educação está fazendo. A minha impressão é que as pessoas que se reuniram um dia e decidiram fazer um mundo melhor estão acabando com o mundo, na verdade, porque os jovens estão muito piores do que eram há 15 anos: inseguros, frouxos, medrosos. Por exemplo, eu sempre fiz prova oral, mas no ano passado já fiquei em dúvida se deveria fazer, porque os alunos não sabem lidar com aquele *stress*, com o sofrimento. Os jovens hoje não aguentam nada! Eles querem *safe spaces*,* *trigger warnings*.** A gente manda ler **Dostoiévski** e tem que avisar que o livro pode causar desconforto.

Ilan – Os jovens "travam" na prova oral? É isso?

Pondé – Eles estão ficando cada vez com mais medo disso. "Travam", choram, não querem fazer...

Ilan – Quantos anos eles têm?

Pondé – Dezoito, dezenove... Eles perguntam: "Por que tenho que fazer? Não existe outra forma?". Quando vão apresentar trabalhos, querem ficar de costas para a sala, falar só para o professor, porque têm vergonha.

Ilan – E os pais têm frequentado a universidade?

Pondé – Os pais frequentam hoje o departamento de estagiários das empresas. Na universidade, já estão há muito tempo reclamando que fazemos seus filhos sofrerem. Os pais levam laudos de psicólogos dizendo que uma reprovação seria muito ruim para a autoestima de seus pacientes. O nível de estrago é bem grande.

Ilan – Escrevi um artigo há alguns anos em que chamo essa geração de "geleia". E acompanho tudo isso *in loco*. **Aldous Huxley**, tão atual quanto Orwell, diz no clássico *Admirável*

---

* Espaços seguros, zona de conforto. (N.E.)
** Alertas de que algo pode causar incômodo. (N.E.)

mundo novo que os jovens do futuro – de hoje, portanto – são projetados para terem a vida emocionalmente fácil, preservados de todos os sofrimentos. O resultado você pode descobrir no livro e no que você está me contando sobre seus alunos.

Pondé – Você está dando aula em escola de crianças?

Ilan – Não, hoje em dia me dedico 100% ao mundo dos livros. Publico principalmente livros infantis e alguns poucos juvenis no mundo inteiro. Tenho livros na Europa, na Ásia, vários aqui no Brasil... E dou palestras sobre temáticas ligadas à literatura, ao meu tema acadêmico da USP. Mas já dei aula em um instituto de pedagogia, em escola, fui orientador...

Pondé – Mas se encheu?

Ilan – Não, não. Tive que fazer escolhas e a literatura me atraiu mais. Mas eu gostava de dar aulas. Tive um aprendizado imenso com os meus alunos.

Pondé – Você se formou em Pedagogia?

Ilan – Não, me formei em Psicologia. Fiz PUC. E fiz mestrado e doutorado em Educação na USP. Eu sei que as pessoas não gostam dessa palavra, mas também sou meio autodidata. Eu vou confessar para você: eu entrei em Filosofia na USP, depois de formado em Psicologia. Amo filosofia, leio muito. E, no primeiro dia de aula, o professor entrou na sala sem nem falar bom dia e dividiu a turma em grupos para dar seminário. Fiquei muito revoltado porque eu trabalhava, estava lutando para ganhar a grana para pagar as minhas contas. Eu queria aula, queria ouvir o professor. E ele: "Nos próximos cinco meses, vocês é que vão dar aula, eu não vou falar nada". As aulas que esse professor queria que déssemos eram sobre *O príncipe*.* Fui embora e nunca mais voltei.

Pondé – Essa é a velha técnica de passar a bola para os alunos. Quem é professor, coordenador sabe: se você não quer dar aula, manda os alunos fazerem seminário. E arruma uma desculpa pedagógica inteligente para isso.

Bom, como disse, eu nunca trabalhei com crianças, mas tenho dois filhos. Fui e sou um pai bastante envolvido com eles. Mas hoje tudo é um *statement*. Homem que cuida de criança é um *statement*. Existem até pais querendo disputar com as mães quem cuida melhor dos filhos. Eu sei que o ser humano é uma espécie histórica, e a minha experiência, na verdade, é a de um professor de graduação. Como todo mundo sabe, o aluno tem sempre a mesma idade, então eu convivo com jovens de 18 ou 19 anos há mais de 20 anos. Leio muito sobre esse assunto, sobre o estrago que as novas gerações apresentam em seu comportamento. E a minha leitura geral sobre a tentativa nos últimos anos de tornar as crianças e os jovens melhores é

---

* Referência ao livro de Maquiavel (1469-1527), um dos maiores tratados políticos já escritos. A obra é conhecida por seus conselhos moralmente questionáveis para a conquista e a manutenção do poder, posto que os fins justificariam os meios. (N.E.)

que, na verdade, tem dado errado. Eu sempre tive uma suspeita de que a tentativa de fazer o mundo cada vez melhor o torna cada vez pior em alguns sentidos. Porque fazemos engenharias sociais gigantescas, mexemos com coisas que, na verdade, nunca sabemos direito o que é. Digo isso porque é a partir desse ponto de vista que vou conversar com você, Ilan, de um filósofo que lida com jovens hoje que foram crianças dez anos atrás. Assim como lidei com jovens que tinham 18 anos há 20 anos. E eu vejo claramente a diferença. Ao contrário do que o *marketing* de algumas escolas tenta dizer, os jovens estão piores do que eram. Eles são hoje inseguros, têm dificuldades em lidar com desafios, buscam o tempo todo espaços seguros e tranquilos, não querem ler **Shakespeare**, por exemplo, porque é muito forte... De alguma forma, entendo que a obsessão pelo politicamente correto é parte desse problema. E acho que existe uma relação entre o que é histórico e cultural e o que não é – que vai desaguar em debates como gênero, por exemplo, que é uma espécie de histeria coletiva (como bem diria **Freud**, "sexo sempre dá dor de cabeça") – que nos dá a impressão às vezes de que alguns conceitos sempre estiveram ali.

> **A minha leitura geral sobre a tentativa nos últimos anos de tornar as crianças e os jovens melhores é que, na verdade, tem dado errado. Eu sempre tive uma suspeita de que a tentativa de fazer o mundo cada vez melhor o torna cada vez pior em alguns sentidos.**

Ilan – A infância mesmo não existia como conceito. Por exemplo, algo interessante que descobri há alguns anos é que o uso do concreto, uma invenção do passado, num momento da história se perdeu. Na Idade Média, muitos lugares da Europa se esqueceram do concreto e começaram a usar outros materiais. Só depois, nos séculos XVIII, XIX, voltou-se a usá-lo com mais intensidade. Isso acontece com os conceitos também. Existem conceitos que criamos e que se perdem se não forem cultivados. A criança sempre existiu, mas a infância é um conceito que foi criado. Quando **Aristóteles** fala sobre a família ter que cuidar da educação da criança a partir dos valores e da moral, existe um lampejo de criação da infância para os gregos. É claro que, quando ele fala da criança grega, fala do menino da elite ateniense. O recorte era esse. As meninas não eram consideradas, nem os escravos e muito menos os estrangeiros. Essa infância grega é um começo de tentativa de pensar esse conceito.

No Império Romano, começa-se também a ter uma ideia de infância, mas aos poucos esse conceito vai se perdendo e, na Idade Média, ele se dilui completamente. **Philippe Ariès** escreveu no livro *História social da criança e da família*[*] sobre como era a infância na época medieval, sobre como, na verdade, ela não existia. Criança com sete anos já trabalhava. Não existia, na Idade Média, roupa para criança, médico para criança, livro

---

[*] Rio de Janeiro: LTC, 1981. (N.E.)

para criança. Muitas vezes não havia nem tempo hábil para pôr nome nas crianças, porque elas morriam, morriam o tempo todo. É por isso que, até o final do século XIV, os testamentos não mencionavam o nome delas. Uma curiosidade sobre esse momento histórico e que mostra como essa fase inicial da vida tinha pouco ou nenhum valor social é o próprio significado da palavra "criança", que, segundo um dicionário francês do século XVII – *Dictionnaire universel d'Antoine Furetière* –, designava posições subalternas como soldados, lacaios, auxiliares – todos chamados muitas vezes de crianças por seus chefes. Outra curiosidade é que os soldados que ficavam na primeira fila, ou seja, os que morreriam primeiro, eram chamados de "crianças perdidas".

Outro dado que mostra bem como o conceito de infância foi sendo construído ao longo de muito tempo é a horrível prática do infanticídio, algo bem comum antigamente. Somente em 374 d.C foi promulgada uma lei em Roma que proibia isso. A lei surgiu, mas sua eficiência demorou séculos para se fazer sentir.

Quando a infância vai surgir como conceito, então? A partir dos séculos XV, XVI, com o mercantilismo, esse arcabouço do capitalismo. Quando as pessoas começam a ter um pouquinho mais de prosperidade e resgatam um pouco esse mundo greco-romano, principalmente no que se refere à infância, elas começam a olhar para a criança como uma perspectiva de futuro, de legado, de herança. E um dos principais responsáveis por essa transformação foi **Erasmo de Rotterdam**. **Lutero**, o advento do protestantismo e da prensa móvel de **Gutenberg** também ajudaram bastante no nascimento do conceito de infância. Mas acredito que foi mesmo Erasmo de Rotterdam que, de forma mais objetiva, contribuiu para o alvorecer da infância. É só ler *De pueris (Dos meninos): A civilidade pueril*. Essa é uma obra que foi publicada em 1530 e que teve mais de 30 reedições enquanto Erasmo ainda era vivo e, depois, mais de 130 reedições – um *best-seller*! A obra em muitos aspectos continua atualíssima. Erasmo diz, por exemplo, que não existe nada mais tenebroso do que uma criança que se comporta como um adulto. Que se parece com um adulto, que fala e se veste como um adulto. Erasmo começa, então, a criar uma separação entre o mundo da criança e o mundo do adulto. Antes, tudo era misturado, crianças e adultos. A sexualidade também. Existem textos da época medieval, diários de reis que contam de quando eram crianças, de como suas babás, suas pajens mexiam com eles corporalmente, fisicamente, sexualmente. Havia uma promiscuidade muito grande entre a criança e o mundo adulto. Não tinha separação. Erasmo entra com um conceito novo e revolucionário para a época, quando ele diz que a infância é uma fase diferente daquela do mundo adulto. Que, para se conquistar o mundo adulto, é preciso haver fases, caminhos. Um dos caminhos para essa conquista do mundo adulto é a educação. O mundo infantil, para Erasmo, deve ser preservado e alimentado. Aliás, uma das etimologias da palavra "aluno" é "aquele que foi alimentado". A noção de vergonha, intimidade, singularidade também vai fazer parte desse alvorecer da infância.

Pondé – **Lévi-Strauss**, um filósofo político do século XX, judeu que fugiu da Alemanha e foi para Chicago, falava isso em relação a conceitos, à filosofia mesmo. Que descobrimos certas coisas para, de repente, isso se perder e descobrirmos de novo lá na frente. Existe, então, uma possibilidade daquilo que é muito óbvio se perder. Eu tenho a impressão, por exemplo, em grande parte do debate hoje em ciências humanas envolvendo o politicamente correto, as questões de gênero, de educação, de que, se o capitalismo quebrasse, em duas semanas estaríamos no período neolítico. Ou seja, a pré-história nos espreita pela fresta da porta, como o messias do judaísmo. Tudo é sustentado no sistema econômico enlouquecido, produtivo, crescente. E me parece, às vezes, que alguns debates não levam isso em conta, partindo do pressuposto, por exemplo, de que direitos humanos são um fato, como uma pedra. Mas direitos humanos custam muito dinheiro. Quando você falava, Ilan, da noção de infância na Idade Média, de que as crianças não tinham nome, eu me lembrei da minha avó, que nasceu em 1897, se não me engano. Eu não tenho clareza de quantos filhos ela teve. Ela falava de um que morreu não sei quando, de outro que morreu depois... Eu só posso entender que a historicidade do conceito de criança está sustentada no fato, como você disse, de que as crianças deixaram de morrer tanto. Se isso aconteceu é porque foi possibilitado por uma situação material ao redor, o que significa que podemos, num dado momento, voltar a uma situação em que os filhos eram um, dois, três, quatro.... Basta que a situação material a nossa volta não se mantenha nesse lugar. Portanto, eu vejo que, às vezes, assumimos o concreto e o conceito como fatos óbvios, que estão dados. Mas uma das características de tudo o que é histórico é poder deixar de existir. Assim como a adolescência agora, que também não existia até ontem. Eu li recentemente que o Reino Unido decidiu que a adolescência vai até os 24 anos. É interessante que a infância não existia e, agora, a infantilização é crescente, inclusive entre os adultos. E, com isso, quero dizer a dificuldade do amadurecimento, a dificuldade de lidar com tensões, com ambivalências... A impressão que tenho hoje, por exemplo, é de que existem adolescentes de 39 anos tentando se encontrar – e muita gente acha isso superchique.

O monstro adormecido

Ilan – Pondé, eu tenho uma curiosidade: como foi a sua infância? Li um livro de **Cioran**, *História e utopia*, em que ele fala que daria todas as paisagens do mundo pela paisagem de sua infância. **Goethe** chamava isso de cidadela interna, aquilo que ninguém retira da nossa memória afetiva.

Pondé – Eu fui até a Romênia fazer uma "peregrinação Cioran" e estive na casa dele. Vi onde ele nasceu, viveu, onde jogava futebol com caveiras humanas. Porque havia um cemitério próximo e era tudo meio esculhambado, os ossos vinham à terra depois de um tempo. E as crianças queriam jogar futebol, mas não tinham bola, então, jogavam com cabeças humanas.

Ilan – Dizem que o tlachtli, uma forma de futebol arcaico, nasceu com os astecas. Alguns estudiosos da época acreditam que no final do jogo ocorriam sacrifícios com os perdedores, ou seja, cabeças humanas rolavam literalmente.

Pondé – Os astecas faziam isso? É certo, então, dizer que eles eram superpacíficos? Olhe o politicamente correto aí...
Bom, na minha infância, não joguei bola com a cabeça de ninguém. Foi um período tranquilo, fácil. Mas me lembro de uma namorada que tive aos seis anos, de brigas de família...

E do golpe de 64. Eu tinha quatro anos na época, então, evidentemente, não sabia o que estava acontecendo, mas como o meu pai era militar...

Ilan – Em Salvador?

Pondé – Recife. Como ele era militar, capitão médico da Aeronáutica, e comunista, em 64, meu pai ficou desaparecido durante três meses. Isso ouvi depois. Na época, eu não sabia de nada. A única lembrança que tenho é de uma certa tensão no ar, gente indo buscar gente em casa, minha mãe nervosa... Eu era o caçula de três. Depois, saímos de Recife e fomos para Salvador. Colocaram meu pai na reserva. Recentemente, na *Folha*, saiu uma matéria sobre os militares que foram recolhidos em 64 porque eram antigolpistas.[*] Esse talvez seja o fenômeno, digamos, mais interessante do ponto de vista da narrativa do que significou a minha infância. E também a evolução, digamos assim, política e os envolvimentos do meu pai com medicina social. Ele fundou uma universidade estadual no interior da Bahia, em Feira de Santana. Esse envolvimento social dele, a vida pública tiveram desdobramentos dentro da dinâmica familiar, principalmente com a minha mãe: distância, solidão... Porque meu pai estava sempre em outro lugar fazendo outra coisa. Mas eu nunca sofri muito na infância. Sempre dei

---

[*] Disponível na internet: https://www1.folha.uol.com.br/poder/2019/03/golpe-de-1964-atingiu-mais-de-6000-militares-com-prisoes-demissoes-e-mortes.shtml. (N.E.)

sorte na escola. Adolescente, eu era popular, fui chefe do centro acadêmico. Nunca sofri *bullying*, por exemplo, nunca vivi esse sofrimento dentro da máquina da escola. Pelo contrário, eu fiz *bullying*. O que ficou da minha infância como lembrança foi mesmo essa questão ao redor da ditadura e, digamos, do socialismo – medicina social, especificamente.

Ilan – É interessante quando você fala de sofrimento na escola, porque hoje se busca o oposto. Existe uma visão de que o *bullying* causa, por exemplo, o que aconteceu em Suzano.[*] Ou seja, ele teria sido o motivo principal de tudo o que ocorreu. Eu discordo dessa visão. Talvez o *bullying* que os matadores vivenciaram na vida escolar tenha sido apenas a gota d'água de algo que já estava represado. É uma questão muito complexa. Ao mesmo tempo, uma escola completamente acolchoada também provoca um grande sofrimento. É um paradoxo. Acho que o sofrimento que a vida nos impõe tem um lado que pode ser muito educativo. Numa certa dose, é claro.

Pondé – Sim, ele forma caráter.

Ilan – Mas estamos perdendo um pouco essa noção. Estamos na "era dos extremos", é tudo preto ou branco, e

---

[*] Em março de 2019, dois ex-alunos invadiram armados uma escola em Suzano (SP), deixando sete pessoas mortas, além do tio de um dos atiradores. Em seguida, um matou o outro e se suicidou. (N.E.)

isso também vale para a infância. Gosto muito de uma fala de **Saramago** a respeito disso: "Essa mania de que as crianças têm que estar sempre contentes, e que todos nós devíamos preocupar-nos com a alegria das crianças. Não tem importância nenhuma que a criança esteja triste. O ser humano cresce mais à sombra que ao sol. Por isso, se vir que uma criança está melancólica, triste, deixa-a estar. Estar é crescer".*

 Recebi uma notícia outro dia vinda de um dos países mais desenvolvidos do mundo, o Canadá, que está em 12º lugar do Índice de Desenvolvimento Humano (IDH) (só para se ter uma ideia, o Brasil nessa lista ocupa a 79ª posição). Mas, mesmo estando praticamente no topo dessa lista, isso não significa que o Canadá e suas universidades não produzam pesquisas e conclusões surreais como essa que vou contar agora. A faculdade de educação da University of British Columbia, no Canadá, fez uma pesquisa** que concluiu que a queimada, aquele jogo que todo mundo jogava quando era criança – eu jogava e me divertia tantas e tantas vezes –, não é um jogo para crianças, mas sim uma forma legalizada de *bullying*. Como se diz hoje em dia, parem o mundo que eu quero descer! Eu imagino que esses pesquisadores nunca tenham jogado

---

* Trecho de entrevista concedida ao jornal *Diário do Nordeste*, publicada em 26 de outubro de 2003. Disponível na internet: https://diariodonordeste.verdesmares.com.br/editorias/2.804/palavras-de-saramago-1.283917. (N.E.)

** Disponível na internet: https://news.ubc.ca/2019/06/05/dodgeball-is-not-childs-play-but-legalized-bullying-canadian-researchers-claim. (N.E.)

queimada, ou talvez tenham ficado traumatizados com alguma bolada. Umas das pesquisadoras desse estudo tão absurdo, chamada **Joy Butler**, disse: "Queimada é o único jogo onde o ser humano é o alvo. Não há outros jogos que sejam assim". Está faltando repertório de jogos para a pesquisadora. No estudo, aparecem as seguintes conclusões, tiradas de adultos, que na minha humilde opinião não entendem absolutamente nada sobre jogos ou sobre a infância e as crianças: "A queimada reforça a opressão dos mais fracos por meio da violência e do domínio exercido pelos mais fortes". Quero fazer uma observação: eu, que sou uma pessoa de baixa estatura – fui um baixinho na minha época escolar, um dos mais baixos da classe – muitas e muitas vezes ganhei a queimada. E ganhei dos fortões e dos mais altos! Talvez por ser baixinho, era mais ágil, mais rápido e escapava das bolas. Essa é uma questão: talvez essa pesquisa não tenha escutado as crianças ou não tenha olhado direito esses jogos. Outra questão: "O jogo ensinaria também a desumanizar os seres humanos". A queimada tiraria da pessoa, sendo alvo, sua humanidade, porque seria um jogo opressivo, em que as pessoas não se relacionam. Mas quem já jogou queimada sabe que ela é um trabalho de equipe, no qual podemos sofrer, claro, levar uma bolada, sair do jogo, mas as pessoas vêm e nos consolam. Os nossos adversários na queimada eram só adversários na queimada. Quando o jogo terminava, voltávamos a ser grandes amigos e a conversar. Há algo mais humano do que isso? Não. A queimada é um jogo que, ao contrário do que diz essa pesquisa, provoca o que tem de mais genuíno na humanidade: a cooperação, o lidar com o perder, com o vencer, o trabalhar com estratégia. É a humanidade em si, num jogo tão divertido e tão bacana, que proporciona um grande aprendizado para a vida. Não podemos deixar esse absurdo contaminar as escolas, contaminar os jogos dos nossos filhos, contaminar as próprias crianças. Como diz um antigo provérbio em latim: *Castigat ridendo mores*, que seria algo como "corrigimos os costumes rindo deles". Os pesquisadores canadenses deveriam dar uma olhada num vídeo bem-humorado de uma disputa de queimada entre a equipe de **Michelle Obama** contra os ingleses liderados por **James Corden**.[*] Se isso for *bullying*, então devemos excluir da vida comunitária todos os esportes e jogos competitivos.

Pondé – Lembro que, quando eu estudava em Salvador, havia duas grandes escolas. Uma era jesuíta e a outra, marista. Meu pai me colocou na jesuíta porque o direcionamento era mais à esquerda. E os grandes fazedores de *bullying* da escola eram aqueles moleques mais fortes, meio burrões. Eles gostavam de fazer *bullying* com todo mundo. Não havia meninas lá, mas quando a escola passou a aceitá-las, eles viraram uns bundões. Essa é uma lembrança que tenho dos meus 14 anos. Eles não sabiam falar com as mulheres, não

---

[*] Disponível na internet: https://www.youtube.com/watch?v=6yRVdV3b8F0.

conseguiam nem chegar perto delas. As meninas mudaram completamente a sociabilidade da escola. A violência diminuiu, certos marcadores mudaram. De repente, aqueles moleques que conseguiam falar com elas começaram a capitalizar isso. Já os que tinham muito medo das meninas e que elas achavam babacas, faziam *bullying* com eles, viraram um nada na escola. E outra coisa de que me lembro é a seguinte: os grandes fazedores de *bullying* ao longo do tempo foram virando uns idiotas. Ninguém dava bola para eles, eles "bombaram" nas matérias, foram mal no vestibular e acabaram ocupando posições sociais completamente irrelevantes.

Ilan – Mas o *bullying* virou um mercado também.

Pondé – Assim como o suicídio.

Ilan – Isso é meio complexo, mas é importante falar que o *bullying* pode também ter desdobramentos positivos. Existe uma lenda nos Estados Unidos de que o Super-Homem foi criado por um menino que queria fazer xixi e a professora não deixou. Ele fez xixi nas calças e sofreu *bullying* por isso. Ele criou, então, um personagem fantástico – é tão óbvio isso – por compensação daquele momento. A criança quer ter o poder e o controle sobre o mundo que a oprime, e nada melhor do que a fantasia para lhe dar essa sensação.

Pondé – Claro, porque ela é frágil.

Ilan – É evidente também que um *bullying* excessivo para alguém muito fragilizado pode ter um resultado trágico. Deveríamos ajudar, então, no fortalecimento dos frágeis, porque a extinção do *bullying* é uma utopia. Se ele não ocorrer na escola, ocorrerá no trabalho, e algumas vezes dentro da própria família. O politicamente correto não fornece o material simbólico necessário para fortalecer nossas crianças e nossos jovens, muito pelo contrário, fragiliza-os mais ainda.

Pondé – Eu entendo, Ilan, que a prática oposta ao politicamente correto não é ser incorreto; é ter educação doméstica e sensibilidade social. E me parece que, às vezes, o politicamente correto surge como uma tentativa de resolver justamente um certo esgarçamento de formação e de percepção. Porque, como eu dizia, no ambiente em que vivia, havia esses *bullies* idiotas, mas, por exemplo, nunca vi nenhum amigo meu, nem ninguém da minha família ou próximo de mim maltratando mulher. Nunca vi isso. Sempre aprendi que não se bate em mulher, que não se trata mal as meninas, principalmente porque eu tinha duas irmãs. Isso é uma coisa meio óbvia. Eu tenho impressão de que, às vezes, o politicamente correto quer preencher um certo esgarçamento dos vínculos sociais. E também há o risco de se entender que ser politicamente incorreto é ser grosso. Não acho que seja isso. O politicamente correto é um conceito bastante amplo que demanda vários olhares de vários pontos de vista. Um, que eu queria pontuar, é o seguinte: quando você fala em escola acolchoada, o politicamente correto apresenta uma característica típica de quando a política entra em terrenos com os quais ela não consegue lidar. Eu faço a comparação com um elefante entrando numa loja de cristais. Acho que política associada ao âmbito dos afetos, das microrrelações – não é à toa que é politicamente correto não fazer microagressões – vai engessando o crescimento da criança. Quando você fala que um pouco de *bullying* faz bem, é óbvio que não está dizendo que seja bom fazer *bullying*. O que você está fazendo é uma apreciação fenomênica de que situações de tensão e sofrimento abrem espaços para a criança ser criativa, desenvolver resiliência, entender mais ou menos que o mundo é um lugar perigoso. Mas o politicamente correto, como toda forma de política em âmbitos do afeto e dos vínculos – ou embaixo dos lençóis quando ataco as feministas – acaba engessando as reações. E, ao engessar as reações, produz adultos incapazes de lidar com esse molejo de que você estava falando.

Ilan – Exatamente. Enquanto você falava, fui lembrando de milhões de exemplos. Na filosofia, temos **John Stuart Mill**. O pai, **James Mill**, que era um racionalista de primeira grandeza, não deixou as emoções aflorarem de jeito nenhum nesse filho. Aos cinco anos, Stuart Mill já falava grego, aos nove era craque em álgebra e latim. O pai afastou dele qualquer conteúdo religioso, permitia quase nada de poesia. O experimento paterno parecia um sucesso só. Dizem que aos 12 anos Stuart Mill tinha o conhecimento de um erudito de 30. Uma mente maravilhosa, só que no começo da juventude ele começou a ter crises de angústia e desespero. Não foi **Pascal** que disse: "O coração tem razões que a própria razão desconhece"? Pois é, não conseguimos controlar os mundos externo e interno pela razão. Quando falei em "acolchoar", era a isso que me referia, de ter um pai, por exemplo, que foi politicamente correto com o filho, mas não entendeu a complexidade daquele ser. "Complexo" vem do latim, é um tecido com várias dobras. É um erro acreditar que a infância é algo simples. Não é. Simples significa etimologicamente um tecido com uma dobra só. A criança é complexa. E James Mill não entendeu isso e focou só o intelecto do filho. O vulcão foi entrar em erupção lá na frente. Vou falar novamente de Cioran. Ele tem uma passagem no livro* que citei no começo deste capítulo em que traz indiretamente uma boa definição do que é o politicamente correto, e que é um pouco do que James Mill fez com o filho. Cioran diz que, no mundo ideal, o mal está excluído, as trevas estão proibidas, não há dualismos. Um

---

* *História e utopia.* (N.E.)

mundo ideal é agressivo com tudo que é disforme, irregular. Um mundo ideal tende sempre ao homogêneo e não considera a força avassaladora do acaso. É por isso que Cioran vai dizer que a vida é ruptura. E o politicamente correto é a negação de toda essa dinâmica. Por isso, creio eu, Stuart Mill teve sua crise juvenil.

Pondé – Stuart Mill até sublimou isso bem, se pensarmos na obra dele.

Ilan – Sim, mas existem pessoas que não conseguem fazer isso tão bem. Tem pessoas que "estouram". Sei de um caso de uma conhecida minha que ficou horrorizada quando descobriu que os filhos, um de seis e outro de oito anos, junto com um grupo na escola, bateram num menino. O menino caiu no chão e as crianças começaram a bater nele. E ela ficou desesperada. "Mas meus filhos, eu ensino tudo..." Eu conheço os filhos dela, são uns amores, inteligentes, sensíveis, mas tem coisas que a gente não controla. É a complexidade. Há um mundo emocional profundo, o grupo que está ali... É claro que é preciso dizer que eles estão errados. É óbvio que é errado o que eles fizeram. Mas essa mãe ficou surpresa com esse lado dos filhos.

Todo mundo tem um monstro adormecido. A questão é como lidar com ele.

Todo mundo tem um monstro adormecido. A questão é como lidar com ele. A relação do adulto com a infância, com o olhar de como é essa criança, é que hoje está enviesada. E, para mim, um dos culpados diretos disso é o genebrino **Rousseau**.

Pondé – Não fale mal de Rousseau... [*Risos*]

Ilan – Eu vou falar mal dele! [*Risos*] Mas, como tudo é complexo, Rousseau também tinha um lado bom. Dizem que ele foi o inventor do culto à natureza. **Paul Johnson**, um historiador e jornalista britânico, em perfil feito em um de seus livros, cita algumas qualidades de Rousseau, como ter popularizado o gosto pelo ar livre e estimulado a busca pela espontaneidade, além de ter sido um grande incentivador de exercícios físicos contínuos e entusiasta da construção de casas no campo para os finais de semana. Quem tem casa no campo deve isso a Rousseau.

Pondé – Toda essa idealização.

Ilan – Mas, como construtor de conceitos, principalmente na educação, Rousseau foi uma catástrofe! E ele é considerado o pai da pedagogia. Ele criou uma noção maluca, que podia fazer sentido naquela época, mas que hoje, com tanta informação que a gente tem, não faz mais, de que a criança nasce pura, imaculada, boa e a sociedade a corrompe.

Pondé – E essa noção continua valendo na escola.

Ilan – Não só na escola, isso está na cabeça dos pais também. Está na cabeça dessa minha amiga, que acha que os filhos são a encarnação do anjo Gabriel.* Nas minhas palestras, Pondé, eu faço uma pergunta para os professores que os deixa desconcertados. Porque começa a sair de cena essa imagem da criança boa, de que basta deixá-la na natureza que ela vai ser boa. Mas deixe uma criança por uma semana na Amazônia, por exemplo: ela morre. Nós queremos a natureza com ar-condicionado, na pousada em cima das árvores.

Pondé – Mas é que, normalmente, as pessoas vão para esse lugar que você descreveu só para posar nas fotos.

Ilan – É isso mesmo. Mas, enfim, eu pergunto para os professores, num momento tenso: "Quem já matou formiga?". Todos levantam a mão. Aí eu brinco: "Assassinos!". E eles dão risada. "Quem já derreteu lesminha com sal?" A risada é geral, e eles vão levantando a mão. "Ah, diretora, a senhora também já fez isso? E quem aqui já fez brincadeira com passarinho? Não me respondam, não quero saber de passarinho!"

Pondé – Passarinho já é demais!

Ilan – Exatamente. É claro que a gente não vai ensinar a matar passarinho. O que estou dizendo é que é algo que está dentro da gente. E a gente pode sublimar isso. Se uma criança hoje começar a matar formiga, brinco que vão mandar ela

---

* Para os cristãos, o mensageiro de Deus. (N.E.)

para o psiquiatra, tomar remédio. Não, pare! Como podemos sublimar isso? Com boas histórias. Mas elas estão sendo aniquiladas.

Pondé – Não se pode atirar o pau no gato...

Ilan – Isso é o de menos. Já passamos dessa fase.

Pondé – Isso é muito idiota.

Ilan – É por isso que Rousseau, na minha opinião, é um dos pais do que a gente chama de politicamente correto. Eu gosto, Pondé, quando você fala dos "idiotas do bem". É só ler *Emílio ou Da educação* e as *Confissões* de Rousseau para ver que ele é a personificação disso. É um cara que, nas *Confissões*, fala o tempo todo que não há melhor amigo do que ele, que é a melhor pessoa do mundo. Ele acreditava ter um amor inigualável pela humanidade. Aliás, **Robespierre** comprou essa esparrela e disse que Rousseau era o único homem capaz de desempenhar o papel de professor da humanidade. Mas esse professor da humanidade dizia sobre si mesmo o seguinte: "Ninguém teve tanto talento para amar, nasci para ser o maior amigo que jamais existiu, deixaria esta vida apreensivo se chegasse a conhecer um homem mais virtuoso do que eu". Esse homem tão humilde e magnânimo ao mesmo tempo abandonou seus cinco filhos na roda dos expostos, porque ele precisava de tranquilidade e silêncio para amar toda a humanidade.

Pondé – E gostava de tirar dinheiro das mulheres. Foi sustentado por mulheres por muitos anos.

Ilan – Sim! Quando falo de Rousseau como esse personagem-modelo do politicamente correto, é para desconstruir um pouco a figura dele para os professores e para os pais entenderem. Porque eles vão pegando isso do politicamente correto por osmose. A perseguição às cantigas infantis, Pondé, está rolando há mais de uma década. Mas alguém realmente acha que, se a criança cantar "atirei o pau no gato", ela vai sair matando gato? Pelo contrário. Se ela matou na imaginação, está "matado". No berçário das minhas filhas, uma vez chegou um pai dizendo: "Que absurdo esse lugar!". Perguntei: "Por quê?". "Porque aqui eles ensinam uma cantiga horrível." "Qual cantiga?" "'A Maria roubou pão na casa do João...' Você sabe, isso estimula o roubo."

Pondé – Pai e mãe são os bichos mais idiotas que caminharam na face da Terra até hoje.

Ilan – Fiquei sério e falei: "Você sabe que, quando Al Capone nasceu, a mãe cantou para ele: 'O Al Capone roubou pão na casa do João...'. E ele incorporou aquilo".

Pondé – Foi por isso que ele virou gângster! [*Risos*]

Ilan – O pai gostou de ouvir essa história e teve uma epifania: "Que besteira estou falando!". Respondi: "Sim, besteira. Se sua filha roubou na imaginação, está roubado. Ela não precisa fazê-lo na realidade". Talvez muitos dos nobres deputados que temos em Brasília não tenham ouvido essa cantiga quando crianças, por isso quiseram pôr em prática agora suas fantasias infantis não sublimadas. [*Risos*]

Pais "limpa-trilhos"

Pondé – Um fato que vejo há mais de 20 anos dando aula em universidade, seja na Faap ou na PUC, é que as pessoas de classe média alta têm cada vez menos filhos. As mulheres das classes mais altas, em média, já não querem ter filhos, porque custa caro, eles duram muito tempo, atrapalham a vida profissional delas, elas têm que terceirizar os cuidados... Não vou fazer essa digressão, mas o fato é óbvio, quantitativo. As pessoas, quando melhoram de condição material, não querem ter filhos. Com isso quero dizer que elas têm menos filhos, no máximo dois. Na verdade, cada vez mais, a média é um. E algumas nem querem filhos mesmo. Acho que isso ajuda para que muitas das crianças de hoje sejam fruto da projeção narcísica dos pais, que é algo um tanto normal para quem tem filho. Quando temos filhos, fazemos uma projeção de certa vaidade sobre eles, de que vão realizar determinadas coisas, de que vão ser, de uma forma, melhores do que nós somos. Mas penso que isso atrapalha a criança, principalmente quando o pai e a mãe são pessoas bem-sucedidas. Ouço continuamente, na universidade, mães que falam de suas filhas e seus filhos frases do tipo: "Ah, Fulaninha, coitadinha, é tão esforçada... Também, eu sou médica, meu marido tem uma empresa, meu irmão dá aula em Harvard. Meu filho está em Londres fazendo uma pós, um *MBA*, e ela, coitadinha, sempre foi tão esforçada...". Sabe, eu tenho a sensação de que hoje mentimos mais. A hipocrisia é maior. Porque o mundo é mais visível, então precisamos ser mais mentirosos, inclusive com as mídias sociais. O resultado é que os pais – e professores de escola num outro nível também, que passa pelo mercado – fazem dos filhos verdadeiros projetos sociais. Os pais, então, querem que o filho se preocupe com canudos de plástico aos 10 anos de idade. Eu estava num evento há algum tempo em que havia uma pessoa se derretendo porque os jovens seriam muito mais evoluídos hoje. Quando ouço isso, se eu puder, saio do recinto. Se eu for obrigado a ficar, vou ter que argumentar, porque essa é uma idiotice empírica. Mas a figura falava: "Os jovens são mais evoluídos, eu acredito muito no futuro porque hoje eles estão recusando canudos de plástico". *Pelo amor de deus!* Recusar canudo de plástico é a preocupação que um prefeito de uma cidade deve ter. Isso não significa que podemos encher o mundo de plástico, mas vira uma espécie de fetiche. O jovem, então, seria mais evoluído porque ele fecha a torneira na hora em que está escovando os dentes, por exemplo.

Eu tenho a impressão de que esse avanço civilizador em relação a coisas como não usar canudo de plástico e fechar a torneira está deixando os jovens mais preocupados, mas também mais medicados, deprimidos, melancólicos e inseguros. Existe menino por aí que fala para a psicóloga que não sabe o que fazer porque tem uma colega da escola que quer namorar com ele. Que está querendo transar com ele. Quando eu tinha 15, 16 anos, se isso acontecia comigo, eu virava para o eterno e agradecia. Eu dizia: "Existe Deus! Ele me ama"! Hoje, não. O moleque acha isso invasivo. Tenso. Não sabe o que fazer com a menina, acha que ela é muito agressiva, incisiva. E fala isso para a psicóloga. Para mim, o menino falava com a psicóloga quando nenhuma menina queria fazer isso com ele. Aí tinha alguma coisa errada. Eu tenho a impressão de que esse conjunto de sintomas derivados dessa ideia de fazer o mundo acolchoado, como você falou, está, na verdade, produzindo jovens mais doentes.

> Eu tenho a impressão de que esse avanço civilizador em relação a coisas como não usar canudo de plástico e fechar a torneira está deixando os jovens mais preocupados, mas também mais medicados, deprimidos, melancólicos e inseguros.

Ilan – Sim, concordo plenamente com você. Eu vejo esses jovens falando do canudo, mas eles não arrumam a própria cama.

Pondé – Exatamente.

Ilan – Eles estão preocupados com a poluição, mas não ajudam a arrumar a própria casa.

Pondé – Mas se descermos de estrato social...

Ilan – ... o mundo é outro.

Pondé – Ele é literal.

Ilan – Eu vejo muito também esses pais de que você falou. São os "pais helicóptero" ou "limpa-trilhos", como o *The New York Times* chamou.* Porque eles vão limpando os trilhos, tirando obstáculos do caminho e não dão espaço para os filhos crescerem no que mais interessa. Por exemplo, a minha filha de 12 anos tem mais conhecimento do que o rei **Luís XIV**. Mas não quer dizer que afetivamente, emocionalmente ela esteja à altura de um Luís XIV. Bem que eu gostaria, mas não está. Mas as pessoas confundem informação com amadurecimento, autonomia. Quando se fala em educação, uma das coisas que mais quero para as minhas filhas é autonomia. E não é fácil neste mundo dar autonomia para elas. Outro dia, minha filha estava a um quilômetro da minha casa, cortando cabelo. Filha adolescente, e ela me ligou para eu buscá-la de carro. Eu disse: "Não, você vai vir a pé".

Pondé – Você viu um meme que tem por aí de Jesus ao telefone? A gente reconhece que é Jesus pela cara. E ele está falando ao telefone: "Pai, vem me buscar?".

Ilan – Aí o pai responde: "Pegue um Uber".

---

* Disponível na internet: https://www1.folha.uol.com.br/equilibrioesaude/2019/03/como-pais-limpa-trilhos-roubam-o-amadurecimento-de-seus-filhos.shtml. (N.E.)

Pondé – É muito bom esse meme!

Ilan – Eu não busquei a minha filha. Falei: "Você vai vir a pé". "Pai, como assim, a pé?" "Você vai ficar aí, então. Eu não vou buscar você." Passou meia hora e ela chegou em casa, a pé. Perguntei: "Morreu?" "Não, não morri." Autonomia é isso. Mas os pais, hoje, neste mundo *pós*, como dizia uma professora minha na USP, pós-moderno, de pó mesmo – tudo virou pó –, fazem umas coisas muito loucas. Hora de dormir, por exemplo. Qual criança quer ir dormir na hora certa? Criança é um ser esperto e extraordinário. É complexidade, imaginação... Aí chegam os pais e tentam convencer o filho a dormir. E o moleque enrola os pais. Em vez de colocarem um limite e falarem: "Oito e meia da noite. Acabou a conversa, hora de dormir", os pais ficam discutindo com o filho. Eu vi essa cena uma vez. Perguntei: "Mas por que vocês estão há meia hora conversando com esse menino de cinco anos?". Na minha casa, com cinco anos, dava oito e meia, nove horas da noite, tinha que ir para cama. Não tinha conversa. E esses pais me disseram: "Mas não queremos traumatizar nosso filho".

Pondé – Isso é o politicamente correto.

Ilan – Outra cena: "Filho, o que você quer comer?". Você está no restaurante, numa mesa cheia de adultos, e tem que esperar a criança de quatro anos escolher o que ela quer. "Você quer isso aqui?" "Não, disso eu não gosto." Cara, quando eu tinha quatro anos, minha mãe falava: "Mande um frango a passarinho para esse moleque" e acabou. Eu não escolhia. Hoje, as crianças ficam uma hora escolhendo o que querem. Elas viram déspotas, pequenas ditadoras. As crianças e os jovens vão ganhando um poder, uma arrogância, que depois o mundo vai colocar no lugar.

Pondé – A gente espera que sim. Mas eu queria lhe perguntar, Ilan: quando a sua mãe mandava você comer frango a passarinho, na sua opinião há, de fato, alguma perda nos últimos anos nos processos de formação dos mais jovens, seja pelas escolas, seja pelos pais? Eu não quero que a pergunta soe romântica ou nostálgica, mas não era melhor, pontualmente, a atitude da sua mãe com relação ao frango do que hoje, quando os pais deixam os filhos escolherem o que vão comer?

Ilan – Eu acho que sim. Gosto muito quando alguns pensadores dizem no final de seus artigos: "Escute seus avós". Porque essa é outra questão do nosso mundo hoje: estamos jogando o passado fora. Tudo que é do passado não serve – essa é uma mentira absoluta. Gosto muito de **C.S. Lewis**, d'*As crônicas de Nárnia*, mas d'*A abolição do homem*. Lewis diz que existe uma rebelião dos ramos contra as árvores, ou seja, achamos que tudo que é ancestral não presta e, muitas vezes, pegamos nossos machados e começamos a bater no próprio tronco que nos sustenta. Outro autor de que gosto bastante, **Chesterton**, dizia algo parecido, que nós chutamos a escada pela qual subimos. As crianças e os jovens precisam saber que o mundo não nasceu com eles e que, para termos tudo o que temos hoje, muita gente teve que se sacrificar, inventar, ousar, errar... **Isaac Newton** disse: "Se vi mais longe foi por estar de pé sobre ombros de gigantes". É isso!

Nós perdemos algumas coisas positivas que estavam presentes nas infâncias de gerações passadas, como a questão da privacidade, por exemplo. Hoje em dia, com as redes sociais, isso não existe mais. Os grupos de WhatsApp de mães em que os filhos estudam juntos podem ser muitas vezes algo infernal!

Pondé – Eu já ouvi falar disso.

Ilan – Tenho visto isso muito de perto, essa interferência de alguns pais na vida dos filhos, em coisas que nossos pais, quando éramos crianças, nem sabiam. Esses pais querem resolver pequenos e corriqueiros conflitos dos filhos pelo "zap", deixando-os mais dependentes emocionalmente dos adultos para a resolução de problemas. É aquilo que você falou sobre a infantilização do mundo. Mas percebo, ao mesmo tempo, que há um movimento de tentativa de resgate de um espaço maior de privacidade, *off-line*, onde a criança precisa começar a andar simbolicamente com os seus próprios pés.

Pondé – Os pais sempre atrapalharam na escola. Eu ia a reuniões de pais e mestres e queria morrer. Dava oito horas da noite e uma mãe chata perguntava para a professora: "Por que a senhora começou história antiga por Mesopotâmia, hebreus e gregos e não pela África?". Porque é assim que começa a história do Ocidente! A civilização ocidental veio da Mesopotâmia, dos hebreus e dos gregos.

Quando você fala do retorno, eu queria lhe fazer uma pergunta. Não é uma pergunta retórica, eu não sei mesmo a resposta e queria saber a sua opinião. Esse tipo de retorno a ambientes onde há mais privacidade da criança ou a ambientes menos delirantes é retorno mesmo ou é fetiche? O que chamo de fetiche? Gente que passa o feriado na casa de Gonçalves, em Minas Gerais, comprando comida orgânica numa feirinha supercara, entre pessoas de classe média alta e alta paulistana falando do horror que é o capitalismo. Isso é o que chamo de fetiche. No sentido de uma tentativa de os pais acordarem um pouco para o mal que estão fazendo com os filhos, você vê isso como retorno mesmo, como algo mais consistente?

Ilan – O que vejo no meu entorno é mais uma busca de algo que as pessoas perderam na sua própria infância. Por exemplo, as redes sociais impactaram muito a infância. Crianças de colo, dois, três anos já estão com celular na mão. Mas quem criou o celular, a internet coloca os filhos na escola Waldorf.[*]

---

[*] A pedagogia Waldorf foi criada na Alemanha pelo filósofo Rudolf Steiner (1861-1925). Procura formar o ser humano de maneira integrada, estimulando o desenvolvimento físico, espiritual, intelectual e artístico do aluno. (N.E.)

Pondé – Que é um fetiche.

Ilan – Sim, mas tem um lado que é: "Eu sei que isso faz mal, então não quero para o meu filho".

Pondé – Então, coloco ele lá na natureza. E a Waldorf do Silicon Valley é uma das escolas mais caras que existem.

Ilan – É uma grande contradição. O cara que inventou isso põe os filhos em escolas assim.

Pondé – Claro, é um sintoma.

Ilan – As redes sociais têm feito surgir algo que chamo de solidão digital. Os jovens têm "zilhões" de amigos/seguidores, mas se relacionam de forma bem precária no mundo real. Eles acabam sozinhos em seus quartos, acompanhados de outros sozinhos em seus quartos. A criança não tem mais a chance de vivenciar uma solidão genuína, uma solidão com qualidade. Solidão para mim é fundamental. Foi, na minha vida. É claro que solidão durante muito tempo pode ser um sintoma preocupante em que devemos intervir, mas numa certa dose é um poderoso elixir de criatividade e reflexão. **Machado de Assis** tem um conto que eu amo, "Teoria do medalhão". É brilhante! Na história, um pai ensina o filho a ser medíocre. Numa das passagens, o pai diz mais ou menos assim: "Filho, nunca fique sozinho". "Por quê?" "Porque solidão é uma oficina de ideias. E pessoas medíocres não podem ter ideias."

Pondé – Minha avó dizia: "Cabeça vazia, oficina do diabo".

Ilan – Pode parecer romântico, mas nós devemos proporcionar para as crianças esse resgate. A gente tenta fazer isso em casa. Não é fácil, mas a gente tenta. E tem conseguido. Ficar *off-line*, brincar, conversar – é importante ter um momento para fazer esse mergulho para dentro, senão estaremos "fritos". **Montaigne** dizia que não havia tortura maior que a de um homem incapaz de expressar o que está em sua alma. E para expressar o nosso mundo interior precisamos ter contato com ele. Para isso, precisamos nos desligar um pouco dos *pixels* e nos ligar com o mundo das relações concretas e o mundo onde o silêncio pode ecoar nossos mais profundos anseios.

O controle da linguagem (e do poder)

Pondé – Vejo o politicamente correto em várias raízes: primeiro, ele é fruto da nova esquerda americana, a *new left*. Alguns identificam **Marcuse** como fundador da *new left*, mas não é. Ele é padroeiro, digamos, dessa nova esquerda americana. (Inclusive, Marcuse é o teórico que diz que o homem branco heterossexual não tem direito a nada. Por quê? Porque ele é o opressor. Mesmo que diga, por exemplo, para uma mulher que ela tem direitos, como é um homem branco heterossexual, por definição, ele é "estragado". O pensamento dele está estragado. Portanto, ele tem que ser destruído e redefinido.) Mas ninguém fundou, ninguém inventou a *new left*. Ela é uma esquerda que se afasta da origem da esquerda histórica do século XIX que **Marx** conheceu (mas não inventou). Quando ele chega a Paris, entra em contato com a herança jacobina que será a base dessa esquerda clássica. A esquerda que Marx conheceu é uma esquerda sindicalista que estava enfrentando a reorganização social a partir da industrialização na Inglaterra, na França, na Prússia – depois Alemanha – e nos Países Baixos. Era uma esquerda, então, mais próxima à síntese marxista construída para a realização da revolução contra o capitalismo. E uma esquerda de pobre, digamos assim, de operários, e que tinha um modelo sindical. A Internacional Socialista* é um grande sindicato. Nos Estados Unidos, a esquerda virou coisa de intelectuais, professores universitários e estudantes de classe média alta e alta, nunca de operários, apesar de ter sido levada para lá por franceses e alemães. Porque a União Soviética foi um grande trauma para a história da esquerda europeia. A União Soviética, que realizou a revolução socialista, construiu um dos métodos e um dos sistemas mais terríveis que a história conheceu. E depois a Revolução Cultural chinesa,** outra catástrofe humana, com muitas mortes. A esquerda histórica construiu regimes políticos catastróficos quando a revolução acabou no começo do século XX. E depois em meados do século XX no Oriente. Quando a esquerda prática, política do século XIX "deu com os burros n'água", sobraram os intelectuais. Na verdade, muitos já estavam convertidos à esquerda porque, às vezes, os intelectuais têm vocação ao clero. Aliás, na Idade Média, os intelectuais eram o clero. No judaísmo, também eram rabinos. Parece-me, então, que a nova

---

* Organização formada em 1951 e que agrupa partidos políticos de natureza social e democrática de diversos países. No Brasil, o Partido Democrático Trabalhista (PDT) integra a Internacional Socialista desde 1989. (N.E.)

** Movimento ocorrido entre 1966 e 1976, idealizado por Mao Tsé-Tung (1893-1976), líder do Partido Comunista Chinês e que estava no governo desde 1949. Após uma onda de fome e fracassos econômicos assolar o país, dá-se início à Revolução como forma de recuperar poder político e silenciar dissidentes, especialmente intelectuais. Durante esse período, universidades foram fechadas, alunos espancaram professores e muitas pessoas foram torturadas e assassinadas. (N.E.)

esquerda é fruto do trauma e do fracasso da esquerda histórica. Essa nova esquerda é caracterizada por ser uma esquerda de *campus*, de cursos de ciências humanas, de ter como líderes estudantes de classe média alta e alta, de universidades caras e de difícil acesso nos Estados Unidos, e não líderes sindicais grosseiros, muitas vezes malvistos por ela, inclusive. A nova esquerda é a esquerda do politicamente correto. Ela é liderada por filósofos e sociólogos, ou seja, por pessoas que nunca passaram por nenhum risco na vida. Nunca passaram por nenhum dos problemas de vida e morte, fome, guerras, apenas discutem coisas em sala de aula, festivais de cinema e greves estudantis. Eu vejo muito isso no debate sobre Israel, por exemplo. Você, Ilan, nasceu lá. Eu morei em Israel por duas vezes e vou para lá todo ano. Discutir intelectualmente o problema de Israel e Palestina sem ter a mínima noção do que significa aquilo é mais ou menos ficar ditando regras para quem vive tendo que enfrentar problemas muito graves. Acho que a nova esquerda do politicamente correto nasceu aí: de gente de louça, que na verdade não podia fazer revolução nenhuma. A nova esquerda perdeu na economia, perdeu na política e lhe sobrou a cultura, que é terreno para o qual ninguém dá muita bola porque os resultados são a longo prazo.

O politicamente correto parte do pressuposto de que podemos desconstruir a linguagem. Fazendo isso, identificamos nela processos de opressão implícitos. Se mudamos a linguagem, mudamos os gestos e modos de pensamento. Há uma linhagem americana que vai desde **John Dewey**, um educador famoso do século XIX e começo do século XX, chegando a **Richard Rorty**, no século XX, com essa teoria pragmática da linguagem. Se mudamos a linguagem, mudamos o pensamento. Se mudamos o pensamento, mudamos a prática e a sociedade, e desfazemos a presença de estruturas de opressão na linguagem que a desconstrução de **Derrida** e outros teriam identificado. Eu entendo que o politicamente correto tenha uma demanda real que é a entrada de grupos em espaços públicos que não existiam antes. Se agora temos mulheres no ambiente de trabalho – ou negros, ou *gays*, para usar clichês sociais –, é necessário mudar certos procedimentos e comportamentos.

Entendo que o politicamente correto seja isto: um movimento típico de uma esquerda de butique, de Academia, preocupada com cultura e educação justamente porque a criança não tem como se defender. Mas existe uma demanda real, me parece, que surge na sociedade americana por volta dos anos 1970, que vai se associar ao que depois vamos chamar de lutas identitárias, algo muito em moda hoje em dia. Eu chamo isso de demanda positiva do politicamente correto, que é reorganizar certos comportamentos, certas linguagens, inclusive no plano do humor. Vou contar uma

> **Eu entendo que o politicamente correto tenha uma demanda real que é a entrada de grupos em espaços públicos que não existiam antes.**

história: cerca de 15 anos atrás, eu estava numa empresa em São Paulo e um sujeito tinha acabado de fazer uma apresentação. Não dá para acreditar no que vou dizer, mas é real: ele terminou a apresentação com uma imagem de computação gráfica – naquela época isso era moda – de uma mulher refletida no espelho, nua, linda, encostada numa pia de banheiro. E ela fazia movimentos como se estivesse transando. Não havia ninguém atrás dela, mas era como se estivesse sendo penetrada por trás e estivesse gozando. O sujeito terminou a palestra dele, numa empresa em São Paulo em que mais da metade do público era de mulheres, com essa imagem. Como ele estava falando de futuro, quis ser moderno, engraçadinho, mas foi de uma estupidez atroz. Se fosse um público só masculino, ainda assim, poderia causar desagrado, ou alguém poderia dizer que os 8% dos *gays* presentes não conseguiriam ver significado naquilo porque não gostam de mulheres sexualmente. Mas mais da metade do público era feminino. Como o sujeito coloca aquilo no final de uma palestra? Isso é o que chamo de demanda positiva do politicamente correto, que é um certo rearranjo de espaços públicos em que as pessoas precisam desenvolver determinados comportamentos. Na verdade, eu acho que a educação doméstica deveria resolver isso, mas não resolve. O politicamente correto, então, entrou numa demanda que, em alguma medida, era real, de educar as pessoas para certos vínculos que antes não existiam. Mas, na verdade, a intenção dele é muito maior do que essa.

Ilan – Sim, claro. Em primeiro lugar, porque o politicamente correto é uma luta por poder. Linguagem é poder.

Pondé – É política.

Ilan – É política e é poder. Mudar palavras, mudar cantigas – o politicamente correto parece uma piada no começo e depois vai se normatizando. Isso que é assustador.

Pondé – Ele vira objeto judicial. Acho que o politicamente correto mostra todos os seus dentes quando quer alterar as histórias infantis, a educação, os afetos. Eu não acho que o foco dele seja não expor crianças a imagens grotescas, por exemplo. Ele não é necessário para que se perceba, por exemplo, como determinados programas de televisão são grotescos.

Ilan – Fiz uma reportagem para a CBN uma vez sobre uma associação que protege animais no mundo todo. Eu adoro animais. Tenho cachorro em casa, já tive tartaruga. Adoro. E falei isso na rádio, porque mexer com animais é meio perigoso, eu já sabia que viria ataque. Falei que sou uma pessoa que gosta de animais, mas veja que absurdo: essa associação internacional estava sugerindo mudar alguns provérbios, algo do tipo "pegar o touro pelos chifres" por "pegar a flor pelo talo". Parece piada isso, mas não vai ser daqui a pouco. Dizer "matar dois coelhos com uma cajadada só" não pode mais. "Chutar cachorro morto" – quantas vezes já não falei isso? São provérbios, um patrimônio da humanidade. E essa associação sugeria trocá-los por algo como "fazer carinho num cachorro morto", por acreditar que esses provérbios estimulariam as pessoas a fazerem mal aos animais.*

Pondé – É a tese do politicamente correto.

Ilan – Sim. É por isso que digo que linguagem é poder e é política. Porque isso, com certeza, tem efeitos. E eu falei sobre isso na rádio, do absurdo que é. Pegar o "touro pelos chifres" não é um chamado a matar touros, é uma metáfora! É um provérbio que serve para sintetizar um conceito.

Pondé – É o tipo de pessoa com quem queremos trabalhar.

Ilan – Exatamente. Se começarmos a levar isso realmente a sério, estaremos exterminando não os bois, e sim as metáforas. Mas me disseram que a associação que protege os animais aqui no Brasil ficou chateada com o que eu falei. Paciência. Para preservar os animais ou o que for, é preciso ser inteligente. Inteligência vem do latim *intellegere* e significa "fazer escolhas ou escolher e juntar as letras". Podemos também dizer que inteligência significa "saber ler nas entrelinhas". E, para fomentar a inteligência, necessitamos de liberdade de

---

* Ver: https://twitter.com/peta/status/1070066047414345729/photo/1?ref_src=twsrc%5Etfw%7Ctwcamp%5Etweetembed%7Ctwterm%5E1070066047414345729&ref_url=https%3A%2F%2Ftvi24.iol.pt%2Fsociedade%2F25-12-2018%2Fpan-alinha-com-a-peta-para-alterar-proverbios-com-animais. (N.E.)

pensamento e de expressão. Precisamos nos colocar no lugar do outro e também saber como somos por dentro, com as nossas deficiências, com o nosso lado que chamo de Darth Vader.* Quanto mais inteligência uma pessoa possui, mais ela pode escolher ser empática e sensível com o outro. Senão, ela vira uma hipócrita, uma mentirosa. Fala sobre o animalzinho, por exemplo, mas não dá bom-dia para a própria mãe. Uma pessoa assim não se importa com o cachorrinho na rua, ela é só um discurso vazio.

Para fomentar a inteligência, necessitamos de liberdade de pensamento e de expressão.

Para Montaigne, esse autor do século XVI de que tanto gosto e que recomendo, nada era mais odioso do que os ditadores do espírito – que definição boa para alguns dos evangelizadores do politicamente correto! Ele dizia que os ditadores do espírito são aqueles que querem impor suas novidades como sendo a única e verdadeira. Acho que podemos agora também falar de **Nietzsche** – incrível que não tenhamos feito isso até agora. Ele completa Montaigne dizendo: "Aquele que combate monstros deve prevenir-se para não se tornar ele próprio um monstro". E o politicamente correto trabalha com a percepção de um mundo na horizontal, sem dualidades, sem

---

* Vilão da saga cinematográfica *Guerra nas estrelas*. (N.E.)

conflitos. É como no clássico *1984*, de Orwell:* o politicamente correto quer que o pensamento seja um pensamento único, que é mais fácil de controlar. E, como diz o autor, quem controla o passado – e podemos dizer também a infância – controla o futuro. Se o politicamente correto for introjetado na infância, o controle social será imenso.

Pondé – Já está introjetado, eles já são adolescentes, já chegaram à universidade e já são assim. E um dos terrenos onde mais vejo esse estrago acontecendo é na relação entre meninos e meninas, que está cada vez mais difícil. Eu escrevi um artigo algum tempo atrás sobre isso,** quando a American Psychological Association publicou as novas *guidelines* para lidar com a masculinidade tóxica. Por coincidência, na segunda-feira em que saiu essa minha coluna, um sociólogo húngaro que vive na Inglaterra, cujo trabalho acompanho há muito tempo, chamado **Frank Furedi**, publicou na *Spiked*, que é uma revista bem interessante, um artigo falando exatamente disso.*** Mas o que é masculinidade tóxica? É homem que gosta de mulher. Por exemplo, os personagens de **Philip Roth**,

---

* Romance distópico publicado em 1949, faz o retrato de uma sociedade totalitária e seus efeitos. (N.E.)

** Disponível na internet: https://www1.folha.uol.com.br/colunas/luizfelipeponde/2019/01/a-cura-hetero.shtml. (N.E.)

*** Disponível na internet: https://www.spiked-online.com/2019/01/21/the-crusade-against-masculinity/. (N.E.)

chamados de misóginos, são personagens tarados por mulheres. Quem conhece a obra dele sabe disso. É claro que as mulheres vão dizer que não, mas a questão é que essa situação chegou a um nível em que está dentro da Academia. Está dentro da ciência, entende? O meu artigo dizia basicamente que essas novas *guidelines* patologizam o comportamento masculino. E eu "apanhei" dos psicólogos. O politicamente correto conseguiu entrar no âmbito da psicologia de forma tão pesada que agora o foco é a destruição da identidade masculina. Mas a verdade é que ninguém sabe direito como se constrói a identidade sexual. Ninguém sabe. Quem disser que sabe é mentiroso. Começa-se, então, a desarticular a juventude dos meninos e das meninas, a desarticular os vínculos e a produzir jovens que, na verdade, são quase zumbis, que ficam o tempo todo no celular, tendo relações que não existem, respondendo cada vez mais ao algoritmo. E quando você fala, Ilan, dessa dimensão de complexidade, de lidar com esses Darth Vaders internos, a minha impressão é que o politicamente correto está produzindo adultos retardados.

Os óculos da infância

Ilan – Muitos dos teóricos do pensamento politicamente correto têm uma formação acadêmica sólida, repertórios culturais privilegiados, falam vários idiomas, sabem na prática mais ou menos como funciona o desenvolvimento infantil, têm suas próprias memórias como testemunhas da complexidade da infância, mas insistem em reformar o ser humano. São, como dizia C.S. Lewis, planejadores científicos em busca da modificação da natureza humana. A história já nos contou o que ocorre quando alguns buscam criar o Novo Homem, mas parece que nunca vamos aprender a lição. Lembrei agora de outro autor, **Bertrand Russell**, que ganhou o Nobel de Literatura em 1950. Ele tinha a certeza de que a natureza humana poderia ser radicalmente modificada. Num livro chamado *Por que não sou cristão*,* ele diz que o medo e o ódio são emoções que "agora podem ser quase totalmente eliminadas da natureza humana por meio de reformas educacionais, econômicas e políticas". Ele disse isso em 1927 e, 12 anos

> O politicamente correto é a projeção de alguns ideólogos daquilo que deveríamos ser e fazer para o mundo se tornar aquilo que eles mesmos não conseguem ser e fazer.

---

* Porto Alegre: L&PM, 2008. (N.E.)

depois, a realidade da natureza humana veio novamente à tona. Mas voltando à questão da contradição entre o falar e o fazer, o politicamente correto é a projeção de alguns ideólogos daquilo que deveríamos ser e fazer para o mundo se tornar aquilo que eles mesmos não conseguem ser e fazer. Novamente Rousseau vem em nosso auxílio. Ele fala no *Emílio* que é proibido ler para crianças até os 12 anos, porque as histórias as estragariam.

Pondé – Porque são cultura.

Ilan – Porque são cultura, sociedade... Mas ele mesmo, Rousseau, nas suas *Confissões*, diz que aprendeu a ler após os seis anos. Que o pai lia com ele os romances que eram de sua mãe, que já havia morrido. E Rousseau conta que foram os romances, as leituras de sua primeira infância que o tornaram quem era.

Pondé – Maravilhoso.

Ilan – Só que ele proíbe para o outro – e alguns acadêmicos são assim – o que, para ele, foi a sua formação. Eu vejo isso como uma forma de controle, de poder.

Pondé – Na universidade, o politicamente correto é um *lobby*. Na cultura, na arte, ele vai calando bocas. É a "novafala"[*] de *1984*.

---

[*] Idioma fictício criado pelo governo totalitário do livro *1984*, com o objetivo de controlar o pensamento pela redução ou eliminação de palavras. (N.E.)

Ilan – Exatamente. Isso me faz lembrar de um aplicativo que surgiu há alguns anos, chamado Yo. Você conhece?

Pondé – Não.

Ilan – É um aplicativo que, na época em que foi lançado, arrecadou um milhão de dólares.* E o que ele faz? Apenas isso: "Yo". A pessoa baixa o aplicativo e vai ao cinema, por exemplo, e envia para alguém: "Yo". Isso significa que o filme foi legal. A outra pessoa responde, então: "Yo". É isso. Eu juro para você.

Pondé – É uma linguagem de retardado mental, para usar uma expressão politicamente incorreta.

Ilan – Pois é, completamente. E milhares de pessoas baixaram esse aplicativo. No livro de Orwell – sempre ele –, há uma passagem em que um personagem diz que o objetivo da sociedade ideal era chegar a uma única palavra que sintetizasse tudo o que existia no mundo – Yo. [*Risos*] Porque, quanto mais palavras, quanto mais contradições, mais pensamento, mais infelicidade, mais revolução. O que se queria era esmagar essa possibilidade, e é isso que o politicamente correto propõe muitas vezes de forma consciente e inconsciente. Inconsciente porque as pessoas vão macaqueando isso, sem nem saber o porquê ou o que está por trás. Por exemplo, dizer no Carnaval

---

* O aplicativo foi lançado em abril de 2014 e até o momento desta conversa continuava ativo. (N.E.)

que não se pode mais usar fantasia de índio, ou de enfermeira. Carnaval é o mundo inverso. Carnaval nasce do dia do louco medieval.

Pondé – É a transgressão.

Ilan – Quanto mais a linguagem é esmagada, há menos pensamento, menos conversa, menos diálogo, menos transformação. É tudo o contrário do que o politicamente correto diz que quer fazer. Com isso, Pondé, as pessoas não conseguem mais entender, interpretar textos. Nas histórias infantis, nos contos clássicos tem algo surreal acontecendo. Por exemplo, uma mãe na Inglaterra pediu que o livro da Bela Adormecida fosse retirado da escola do filho porque o beijo que o príncipe dá na princesa não teria sido consentido.[*] Parece piada, mas está no jornal. As pessoas falam sobre isso. Não se deve mais contar a história da Bela Adormecida porque o príncipe rouba um beijo da princesa, o que seria um abuso sexual.

Pondé – E o número infinito de mulheres que adoram ser acordadas pelos parceiros transando? Isso não pode acontecer mais? Quem é que consegue manter uma relação afetiva durante muito tempo, ou intensa durante pouco

---

[*] Ver: https://www.telegraph.co.uk/news/2017/11/23/mother-calls-sleeping-beauty-banned-primary-school-promotes/. (N.E.)

tempo, sem atravessar o samba? É por isso que acho que a humanidade nunca mentiu tanto quanto hoje. Todos os hipócritas do passado olhariam para nós e diriam: "Meu Deus, de onde vocês tiram tanta mentira?". Só que toda essa mentira se transformou em ciência. Ciência humana, quero dizer. Ela está em jornais. Está instalada no *Guardian*, um jornal inglês que é politicamente correto ao extremo. Quando você lembra, Ilan, que quanto mais palavras, mais infelicidade é porque a felicidade é um pouco da nota da estupidez mesmo, como a filosofia já sustentava lá atrás. Não que, para ser inteligente, a gente tenha que ser deprimido. Mas eu não vejo nada mais típico do avanço do capitalismo do que o politicamente correto. Ele é completamente fruto do capitalismo. Nessa felicidade de propaganda, de pessoas "empacotadas", bonitinhas, arrumadinhas, tendo desejos corretos, eliminam-se contradições, conflitos, dúvidas. E os pais, idiotas, querem fazer com que seus filhos sejam felizes o tempo todo.

Ilan – Saramago, como disse antes, falava que o ser humano não cresce somente debaixo do sol, ou seja, da felicidade, mas também na sombra. Só que os pais querem que seja sol absoluto. Por exemplo, quando a minha segunda filha nasceu, a mais velha, com três anos, olhou para a recém-nascida e disse: "Pai, minha irmã não é linda?". Parecia propaganda de margarina, Pondé. Eu me derreti, pensei: "Fraternidade, igualdade, liberdade! Que coisa linda, vinculou-se com a irmã".

Aí eu falei, bem emocionado: "Sua irmã é linda mesmo". Mas a segunda frase dela foi: "Pai, então vamos jogar ela no lixo?". Eu e minha esposa arregalamos os olhos: "O quê?". Ainda bem que a minha filha pôs aquele sentimento para fora e não jogou a irmã no lixo! Ela usou a linguagem para se expressar e nós pudemos lidar com esse ciúme alucinado. Essa é a criança real, é para ela que escrevo literatura. Mas é essa a contradição da infância que os educadores e pais não conseguem ou não querem enxergar.

Pondé – Meu filho também quis jogar a irmã pela janela quando ela nasceu, só que ele tinha nove anos.

Ilan – Eu sempre falo que temos que colocar os óculos do outro. Psicólogos e filósofos fazem muito isso. Nós, pais, temos que pôr os óculos da infância, porque a criança lida com o mundo de forma diferente dos adultos. E, de propósito ou não, o politicamente correto não consegue ver que o olhar da criança para a realidade é um olhar completamente diferente do nosso. Como é esse olhar? Por exemplo, eu estava com a minha filha de dois anos e meio na época no supermercado que frequentava havia 15 anos. Passei no açougue, minha filha olhou para as carnes e disse: "Pai, olha a vaca". Olhei para as carnes, olhei para ela e pensei: "Gente, ela juntou as carnes e viu uma vaca. É filha de escritor. Um prodígio!". Perguntei: "Filha, cadê a vaca?". Ela apontou para cima. Olhei e vi uma vaca de papel machê de uns quatro milhões de toneladas, enorme. Perguntei para o rapaz do açougue: "Há quanto tempo essa vaca está aqui?". "Quinze anos." "Mas eu nunca vi isso na minha vida!" "Sinto muito. Ela sempre esteve aqui." Criança vê vaca, adulto vê picanha. Criança consegue ver aquela folhinha verde da alface que caiu no macarrão e fala: "Não vou comer porque tem verde". Ela consegue ver o pequeno e o grande. Ela tem essa flexibilidade. Lembro de uma cena muito engraçada que o autor angolano **José Eduardo Agualusa** contou num encontro que tivemos há muito tempo na Amazônia. Nunca vou esquecer essa história, é muito interessante. Ele contou que estava em Lisboa lendo uma revista que tinha artigos e mulheres nuas, não sei se era a *Playboy*.

Nós, pais, temos que pôr os óculos da infância, porque a criança lida com o mundo de forma diferente dos adultos. E, de propósito ou não, o politicamente correto não consegue ver que o olhar da criança para a realidade é um olhar completamente diferente do nosso.

Pondé – Em Portugal o nome da revista deve ser "Garoto que brinca". [*Risos*]

Ilan – Deve ser mesmo, pois, pois. E ele estava lá, "lendo" as imagens de uma mulher nua com chapéu, cinto e botas de caubói, quando, de repente, seu filho de cinco anos põe o rosto atrás dele e diz: "Pai". Ele conta que "gelou". E o filho completou: "Que chapéu legal!".

Pondé – "É, meu filho. Daqui a uns anos, você não vai ver o chapéu..."

Ilan – O olhar da infância é um olhar muito elástico. Isso vale também para a literatura. Mudar histórias porque o adulto acha que a criança vai introjetar o beijo roubado pelo príncipe, por exemplo, é o que eu chamo de eugenia literária. O politicamente correto está limpando as histórias de uma forma cruel, porque acredita, numa visão rousseauniana, que, ao lê-las, a criança vai se tornar aquilo que ela está lendo. Ao fazer isso, ele tira todo o sumo simbólico da narrativa, o conteúdo metafórico que o leitor precisa para entender consciente e inconscientemente seu funcionamento interno e externo.

Pondé – Na filosofia existe um conceito que chamamos de imaginação moral. Stuart Mill, inclusive, é um dos criadores dessa ideia, que é bem construída pelos britânicos no final do século XVIII e começo do século XIX. Ela pressupõe que a vida moral é assentada em experiências imaginativas e estéticas. Portanto, ficcionais também. Existe uma racionalidade, mas ela não é o *core* da vida moral, que é muito mais narrativa. Digamos que essa é a teoria antikantiana de moral, porque **Kant** é o racional imperativo. **Edmund Burke** é considerado o criador do conceito de imaginação moral, embora ele não use exatamente essa expressão. Quando comenta sobre a Revolução Francesa, ele imagina uma cena que depois veio a acontecer, com os jacobinos entrando nos aposentos de **Maria**

Antonieta e destruindo tudo. Burke diz que, assim que os homens descobrirem que uma rainha é só uma mulher, logo descobrirão que a mulher é só um animal. Essa frase, que é considerada o pilar da imaginação moral, significa que nós não sabemos exatamente como a moral se constrói. Ela se constrói a partir de vários vínculos, muitos deles ancestrais, dos quais surgem cantigas como "Atirei o pau no gato". E uma série de preconceitos está misturada a lembranças antigas, hábitos estabelecidos, na lida com crianças. Esses preconceitos não são construídos teoricamente, mas são respostas concretas a problemas cotidianos reais que nunca destruíram as crianças. Preconceitos são respostas espontâneas a problemas que transcendem nossa capacidade racionalista de controle. Duvido profundamente que crianças que cantem músicas politicamente corretas sejam "melhores". Pelo menos até agora, elas são mais ansiosas, medicadas, inseguras e mimadas – só isso.

Essa é, portanto, uma espécie de floresta densa e que depende muito de experiências estéticas, sensoriais, imaginativas, de sonhos, de causos. No momento em que se destrói isso e se transforma a moral num padrão lógico e calculado, não temos a mínima ideia do que vai acontecer depois. Eu tenho a impressão, Ilan, de que muitos desses projetos que você chamou de eugenia literária são fruto também de uma noção de engenharia social de que será possível, de fato, construir uma pessoa que tenha afetos completamente no lugar. Só que nós não sabemos como se constrói a vida moral para fazer uma cartografia. O que separa a rainha da mulher na visão de Burke é o que atribuímos como valor simbólico, misterioso, hierárquico, distante do que é uma rainha. Desde a ideia de que ela é rainha porque Deus quis até a ideia de que é mais inteligente, mais rica, mais bonita, mais poderosa; até a ideia de que não se deve chegar perto dela. No momento em que se descobre que uma rainha é só uma mulher e que se pode cortar a cabeça dela, que não existe nenhuma razão lógica para que se faça diferença entre uma mulher e uma rainha, descobre-se também que, no fundo, não há nenhuma diferença newtoniana, digamos como metáfora, entre uma mulher e um animal – e aqui os idiotas de gênero vão imaginar que estou falando de uma mulher, mas estou falando de uma mulher como representante do universal da espécie. Portanto, passamos da destruição da rainha à destruição da mulher como condição animal que ela tem. Ela é unicamente um animal, nada mais do que isso. Existe um livro que não é novo, mas que saiu agora no Brasil, chamado *A imaginação moral*.[*] Ele é de uma historiadora americana, **Gertrude Himmelfarb**, que mostra justamente que esses processos dos quais o politicamente correto faz parte destroem tecidos constitutivos do comportamento que nós nem sabemos como se formam.

---

[*] São Paulo: É Realizações, 2018. (N.E.)

Caça às bruxas

Pondé – Não tenho experiência direta com crianças, vou a escolas muito raramente, inclusive porque elas me olham como se eu fosse uma espécie de monstro, talvez. Mas tenho a impressão de que boa parte das escolas hoje em dia não têm a mínima ideia do que estão fazendo. A maior parte do tempo, elas vivem modinhas que vão desde o Enem até fazer com que as crianças abracem árvores, ou tenham banheiros que sejam tanto para meninos como meninas, por exemplo. É tudo modismo. E eu queria lhe perguntar, Ilan: como é o seu mercado num universo como esse? Eu sei que você tem um mercado. Existe, então, um mercado de literatura infantil e de educação infantil que não queira ser só politicamente correto?

Ilan – Com certeza. Você falava da ancestralidade das cantigas. **Cecília Meireles** dizia que nós, escritores, somos herdeiros dos antigos narradores orais. A literatura que a gente escreve como ficção no papel tem um caminho histórico que remete a coisas muito antigas. O mundo era oral antes de ser escrito. Ele começou a ser escrito há cinco, seis mil anos na Mesopotâmia. Antes disso, era tudo pela boca. E as histórias criadas antigamente eram carregadas do mundo externo e do mundo interno das pessoas. É por isso que ficamos abismados, por exemplo, quando abrimos um texto antigo, quando pegamos a *Epopeia de Gilgamesh*,* que é a primeira, a mais antiga história encontrada no mundo. Porque as relações humanas nessa história são muito parecidas com as nossas hoje em dia. Também por isso a *Bíblia*, o *Alcorão* e os *Vedas* são tão penetrantes. Porque tem alguma coisa nesses livros, na minha visão, que não muda. As informações mudam, mas o mundo interno é muito parecido. As histórias, a imaginação, a fabulação são criadas nesse mundo. Com o passar do tempo, essas histórias, que eram orais, os mitos e as lendas entram nas cidades civilizadas e se transformam nos contos de fadas. **Charles Perrault** não inaugura esse mundo para as crianças, mas sim para divertir a corte, a nobreza francesa. Ele cria contos de fadas para se divertir com a nobreza, e as crianças se apropriam disso. Os pais se apropriam disso. São histórias mais trabalhadas, mais sofisticadas e mais urbanizadas, mas que remetem às histórias antigas. Os contos de fadas vão ganhando essa evolução, essa transformação, porque alguns não são aceitos pelas crianças, o que é interessante. A criança dá o tom do que serve ou não para ela. Por que, então, vamos proibir contos que elas estão pedindo para nós? Ou elas são

> **A criança dá o tom do que serve ou não para ela. Por que, então, vamos proibir contos que elas estão pedindo para nós? Ou elas são masoquistas?**

---

* Poema épico da Mesopotâmia, grafado em 12 tábuas de argila, conta a história do rei Gilgamesh e de sua busca pela imortalidade após a morte de um amigo. (N.E.)

masoquistas? Uma vez, a minha filha mais nova, na época com três anos, me pediu: "Pai, você conta uma história aqui no quarto?". Era hora de dormir. Peguei um livro, mas ela disse: "Não quero que você leia, pai". "Como você quer, então?" "De boca." "O que você quer que eu conte de boca?" "Pai, conta a lenda da loira do banheiro." Olhei para minha outra filha, então com seis anos, para quem eu tinha contado a história, e perguntei: "Você contou para ela?". Ela respondeu, malandra: "Contei". Falei para a menor: "Filha, são oito e meia da noite, é hora de dormir, e essa história é de medinho. Vamos deixar para amanhã? De dia acho que será melhor...". Histórias de medo e terror ensinam a lidar com o medo real, cotidiano. É claro, precisamos ter bom senso para saber a dose que a criançada aguenta ao ouvir um conto de medo. Só que minha filha me atormentou tanto que eu contei a história para ela. E contei em primeira pessoa: "Um amigo meu, na oitava série, CDF, levantou a mão e pediu: 'Professora, posso ir ao banheiro?'. CDF, você sabe, sempre vai ao banheiro mesmo. Bagunceiro, quando pede, a professora acha que é mentira. E é! [*Risos*] Mas esse meu amigo foi ao banheiro fazer xixi e, quando foi lavar as mãos, a loira apareceu para ele no espelho. Ele olhou para trás e não havia ninguém. E a loira tinha algodão no nariz, nas orelhas. Meu amigo foi tentar encostar nela e...". Nesse momento da história, dei um grito. Um susto daqueles. Minha filha pulou em cima de mim, me arranhou – sem querer, de medo – e foi procurar a mãe. Minha esposa a acalmou e, depois de cinco minutos, minha filha voltou, com os olhinhos molhados, mas vivos que só vendo: "Pai, conta de novo?". Eu não sou psicólogo da minha filha, mas sei que ela não é uma masoquista. Por algum motivo ela queria ouvir aquela história, e mais de uma vez!

As histórias de medo trabalham com o terror interno da criança. Só alguém completamente alienado do que é a criança para achar que ela não tem dentro de si os medos e terrores mais variados possíveis. E são exatamente essas histórias que vão ajudá-la a lidar com esses temores, a fortalecê-la contra os percalços da vida. Além disso, o medo faz com que as pessoas se aproximem de outras, se juntem para enfrentá-lo. Quem trabalha com crianças já deve ter visto a seguinte cena: você abre para um grupo delas a possibilidade de escolher temas de histórias que quem está ali quer ouvir. A partir de uma certa idade, se o tema do terror aparecer, existirá uma probabilidade alta de que ele seja escolhido. Há séculos funciona assim! Isso quer dizer que a criançada tem traços de psicopatia? De assassinos em série? Evidentemente não! Essas histórias são a grande válvula de escape da sombra que habita cada ser humano que já pisou na Terra. E, como falei, elas vão sendo agarradas e depuradas pelas crianças. Por exemplo, quando os **irmãos Grimm** começam a construir a história da Rapunzel, ela é um esboço bem diferente do que conhecemos hoje. Principalmente porque não ia agradar, mas havia nisso também um pouco do politicamente correto da época deles, um protestantismo alemão austero. Depois que Rapunzel recebe a visita do príncipe, suas roupas não servem mais, o que dá a entender que ela engravidou. Os irmãos Grimm acharam isso muito forte e tiraram esse trecho. Eles também mudaram a história da Bela Adormecida. Nas primeiras versões, a mãe dela é uma ogra e o príncipe – essa parte é terrível – estupra a Bela Adormecida. Ela engravida e acorda quando nasce o bebê.

Pondé – Como no filme *Fale com ela*.[*] A personagem desperta de um coma por causa disso.

Ilan – Mas essa versão da Bela Adormecida não agradou. As histórias, portanto, vão sendo depuradas pelos próprios ouvintes, pelas crianças e, depois de muitos séculos, viram *hits*. É nesse ponto que eu queria chegar. As crianças anseiam por esses *hits*, por esses contos de fadas – e a própria literatura infantil, que vai ser herdeira disso também –, porque eles ecoam as profundezas da alma humana. Quando você, Pondé, faz a associação do filme de Almodóvar com a história da Bela Adormecida, essa é a prova de como esses contos entraram no imaginário coletivo e adulto da cultura ocidental. Muitos filmes, romances, peças teatrais têm como base os contos de fadas. **Bruno Bettelheim** diz que essas histórias são uma bússola para as crianças, um guia de crescimento, de amadurecimento, porque ensinam o seguinte: a vida é difícil, tem obstáculos,

---

[*] Filme espanhol de 2003, dirigido por Pedro Almodóvar. (N.E.)

mas você vai conseguir. Tenha esperança, por mais que você se sinta inferior por ser pequeno. É por isso que, nas histórias, quando há irmãos, como n'*O pequeno polegar*, o menorzinho é sempre o mais esperto. A criança se identifica com isso, com histórias que tenham conflito, aventura, angústia, morte – mas morte é um tema que não pode mais entrar na escola, Pondé. Por quê? Porque os pais acham que, se a morte for trazida num texto para as crianças na escola, elas vão ficar tristes demais, deprimidas, preocupadas.

Pondé – É por isso que não se pode ler Shakespeare na universidade.

Ilan – Os pais acreditam que falar de morte vai deixar as crianças preocupadas com a violência. Mas é o contrário. Vou falar da minha experiência de novo.

Estávamos eu, minhas duas filhas, minha esposa e minha mãe jantando. De repente, minha filha mais nova, que é a filósofa da casa, na época com quatro ou cinco anos, vira para minha mãe e pergunta: "Vó, quantos anos a senhora tem?". Minha mãe responde. "Você então é a mais velha daqui?" "Sim." "Então a senhora vai morrer primeiro?" "Tomara Deus", responde a minha mãe. Aí minha filha continua: "Papai, você é mais velho que a mamãe?" "Sou." "Você vai morrer depois da vovó." Na sequência ela mata a mãe, a irmã e se mata no final, numa viagem de finitude. A morte faz parte da vida também, e o politicamente correto está retirando esse núcleo da infância porque acha que faz mal. Lembro de outra cena: essa foi em Belo Horizonte, Minas Gerais. Eu participava de um projeto de leitura para crianças em hospitais públicos em todo o Brasil, chamado Biblioteca Viva em Hospitais. Fui convidado para fazer formação em serviço, mostrando aos médicos o nosso trabalho nesse projeto de humanização hospitalar. Havia um menino fazendo hemodiálise e me disseram: "A situação é grave, a expectativa de vida dele é muito baixa". O prognóstico desse menino era bem ruim. Fui até ele, me apresentei e perguntei: "Você quer ouvir histórias?". (Isto é importante: crianças não recusam histórias, mesmo nesta época de celular, internet. Nunca me disseram: "Ilan, vá embora, a gente não quer ouvir histórias".) Mostrei a ele alguns livros, li os títulos, um por um, e perguntei qual ele queria que eu lesse. Um dos livros se chamava *De morte!*[*] e tinha uma caveira na capa. De 20 livros que mostrei, adivinhe qual ele escolheu? *De morte!*. Eu via os médicos balançarem a cabeça negativamente. Mas eu conhecia aquela história. É o meu papel conhecer histórias. E aquele era um conto, uma lenda engraçadíssima sobre enganar a morte. Eu a li para o menino e ele riu. Conversamos um pouco e continuamos compartilhando histórias.

Uma boa história pode falar de coisas muito importantes de forma segura, acolhedora e que não conseguiríamos dizer de outra forma. A história é a linguagem da primeira

---

[*] De Angela Lago. Belo Horizonte: RHJ, 1992. (N.E.)

infância. Tão importante quanto respirar é ouvir histórias desde a infância. Quando circulo nas escolas e me dizem: "Ilan, nós vamos retirar histórias de morte, de bruxa, que tenham sangue. O mundo está tão violento! Não precisamos de mais violência", essa é uma leitura superficial do conto, do mundo simbólico que cada história representa. Essas histórias higienizadas pelos adultos eram chamadas por Bettelheim de "histórias fora de perigo". É um bonito nome, mas são histórias que não cheiram nem fedem, não fazem nada para a criança. Absolutamente nada. Não têm efeito nenhum na vida dela. Na verdade, podem até ser prejudiciais se não tiver outros tipos de histórias, porque tiram da criança a oportunidade primordial de autoconhecimento, como funciono por dentro. Uma das últimas notícias a esse respeito chegou a minha caixa postal por um amigo que mora na Espanha. Ele me mandou um *e-mail* com um *link* para uma notícia de um dos principais jornais espanhóis, o *El País*. A chamada para essa matéria era assim: "Vetada Chapeuzinho Vermelho por ser sexista".* E embaixo da chamada, estava escrito o subtítulo: "Uma escola em Barcelona retira 200 contos infantis de sua biblioteca por

Uma boa história pode falar de coisas muito importantes de forma segura, acolhedora e que não conseguiríamos dizer de outra forma.

---

* Disponível na internet: https://elpais.com/ccaa/2019/04/10/catalunya/1554930415_262671.html. (N.E.)

considerá-los tóxicos". A matéria é impactante, comissões de pais que decidem tirar livros, excluí-los, censurá-los, isso com a anuência, muitas vezes, de educadores. Quando terminei de ler essa matéria, me lembrei que quando visitei o museu do Prado, também na Espanha, fiquei muito fascinado com um quadro de um pintor chamado **Pedro Berruguete**, *São Domingos e os albigenses*. É um quadro do século XV que tem a representação da queima de um livro herético. Ou seja, uma pessoa pegando um livro e jogando no fogo. É uma imagem muito forte. E imagine você, depois de 500 anos, existe esse movimento – não é uma queima de livro, mas podemos fazer essa correlação – de censura de livros considerados heréticos, que não serviriam para os nossos filhos, para os nossos alunos. Por que tamanho medo dos livros? Será que as crianças vão se tornar pessoas piores por ouvirem contos de fadas como Chapeuzinho Vermelho? É claro que não. Os contos de fadas são um patrimônio da humanidade, assim como as catedrais, assim como o Coliseu romano, as pirâmides egípcias. Esses contos são muito mais do que a sua casca. Essas histórias trazem dentro de seu "caroço" um conteúdo de tempos imemoriais. Esses contos de fadas se comunicam diretamente com o coração e a mente da criança, falam sobre o medo, a esperança, a morte, a vida, o amadurecimento, a felicidade, a tristeza. Um conto tão antigo só não desaparece porque ele tem algo ainda a falar ao coração e à mente da criança. Arrancar isso dela, acreditando que assim a estamos protegendo, é um grande erro. É evidente que esses contos de fadas antigos, como da Chapeuzinho, podem conviver com novas versões, onde aparecem antiprincesas, ou heróis num papel mais cômico, inversões de papéis. Sendo bem escritos, bacana. Há vários livros maravilhosos de antiprincesas, de contos de fadas ao contrário. Mas, ao mesmo tempo, as crianças precisam conhecer os contos antigos e se relacionar com os novos, assim como nós convivemos com o Coliseu, com as pirâmides, com as catedrais junto com arranha-céus e arquiteturas vanguardistas e novas. Triste da cidade que apaga sua arquitetura antiga. Nós gostamos de chegar a uma cidade e ver o novo, mas também o velho. A mesma coisa vale para as histórias, por isso temos que preservá-las. Elas são o patrimônio intelectual da humanidade, um patrimônio de como funciona a nossa mente.

Pondé – Vou fazer agora o que chamamos em filosofia de redução ao absurdo, que é quando se usa um argumento absurdo para, na verdade, defender alguma coisa além dele. Acho que deveríamos jogar fora todas as teorias de pedagogia e empregar apenas mulheres acima de 60 anos para educar as crianças – esse é um argumento absurdo. Mas o que quero dizer com isso? Que essa ideia de não contar histórias que têm morte para não deixar as crianças deprimidas está estragando os jovens. Quem está na universidade sabe disso. Já existe até material escrito sobre esse assunto. Alguns autores ainda são meio ambivalentes, outros veem isso de uma forma mais clara, de que existe algum problema na escola mesmo. E existe algum problema nos pais também. Só que a minha percepção, Ilan, é que isso não vai mudar nos próximos anos. E, provavelmente, vamos ter jovens absolutamente incapazes. No final de 2018, foi publicado um livro nos Estados Unidos chamado *The coddling of the American mind*,* isto é, mimando a mente americana, escrito por dois psicólogos. Eles falam de gente completamente incapaz de enfrentar as coisas. Raivosa, ressentida, de um politicamente correto tarado, assim: "Veja, para falar aqui tem que ser mulher lésbica negra e sem pernas". Busca-se o que é mais correto do correto do correto do correto. Então, *gay* branco não pode abrir a boca, porque é branco e é homem. Não vale nada, portanto. Essa teoria que chamam de interseccionalidade – e o politicamente correto está instalado aí – faz um gradiente: em cima, na opressão, está o incorreto, que é o homem heterossexual branco; logo depois, vem a mulher heterossexual branca, que também não vale nada; depois, o *gay* homem branco; a lésbica branca e vai descendo. Isso é teoria de ciências humanas nos Estados Unidos. Eu tenho a impressão de que não vemos isso de forma tão dramática, porque só percebemos as coisas no mundo quando estamos em cima delas, lidando com elas. Do contrário, trabalhamos, nos divertimos, nos reproduzimos,

---

* De Greg Lukianoff e Jonathan Haidt. Nova York: Penguin, 2018. (N.E.)

fazemos inventário e morremos. No meio disso, tem um circo, que são as mídias sociais. Compramos e postamos coisas, e os algoritmos sabem exatamente o que queremos. Com isso, o que quero dizer é que temos muitos problemas em que pensar. Uma psicóloga americana chamada **Jean Twenge**, que leio há muito tempo, vem fazendo pesquisa de comportamento com jovens desde 2006. Vemos que eles só pioram, e acho que não temos nenhuma ferramenta para mudar isso, porque o pensamento pedagógico, psicológico está parasitado por essas teorias de tirar o sofrimento das escolas e das histórias. Os pais também estão completamente tomados por isso, inclusive, porque eles sentem culpa por não darem atenção aos filhos. Esta é, por sua vez, uma tese nossa, de que é bom dar atenção aos filhos. No passado, ninguém deu. É claro que não penso que devemos voltar a uma época em que as crianças morriam e por isso os filhos não tinham nome, apesar de que, ali, havia também uma questão de pobreza. Mas não vejo nenhum sinal de mudança, nem por parte das escolas, nem por parte dos pais. Os pais estão vivendo toda essa fetichização, tanto homens quanto mulheres. Muitos jovens estão escolhendo ter bichos porque filhos dão trabalho. Eu, na verdade, acho que grande parte da discussão sobre crianças e jovens é parasitada pela vontade que os adultos têm de não ter filho. Mas eles não têm coragem de assumir que filho enche o saco, atrapalha a vida, gasta dinheiro. Os pais nunca sabem ao certo o que vai acontecer. Por mais que se dediquem, quando o filho cresce, joga na cara dos pais coisas que nunca imaginariam que ele estivesse alimentando na cabeça.

Ilan – "Cría cuervos y te sacarán los ojos."*

Pondé – Exatamente. É por isso que falei que deveríamos jogar fora todas as teorias pedagógicas, toda a psicologia infantil, e só permitir que mulheres acima de 60 anos dessem aula em escolas. É claro que isso é uma caricatura, mas o que quero dizer é o seguinte: eu tenho a impressão de que, quanto mais jovens metidos nisso, mais bobagem escuto. Quanto mais jovem é o profissional, mais parasitado ele fica por ideias como: "Ai, que absurdo uma criança matar formiga. Que coisa feia!". Isso aparece mais em meninas, como as veganas radicais, que querem pensar em si mesmas como fora do ciclo de violência, como se delas só brotasse o bem, só brotassem bons rendimentos, quando na verdade elas são super-rígidas, raivosas, duras. Os meninos estão perdidos em outro sentido: não sabem o que é uma identidade masculina, pensam que tudo o que um homem foi até hoje é tóxico, que eles devem querer fazer crochê e pedir desculpas cada vez que acharem uma menina gostosa. Por isso perguntei como era o seu mercado, Ilan. Porque o fato de você ter um mercado significa que ainda existe alguma vida inteligente.

---

* "Crie corvos e eles lhe arrancarão os olhos." (N.E.)

Imunização literária

Pondé – Acho que falta **Nelson Rodrigues** nas escolas. Eu, na verdade, na prática, dou aula na universidade hoje de literatura clássica, porque já desisti do resto. Porque os jovens estão muito chatos, muito puritanos. E todo puritano gosta de linchamento. Outro dia, no curso de cinema, eu estava discutindo um trecho de Macbeth* e falei que ele era muito usado por **Woody Allen** em seus filmes. É uma passagem famosa em que Macbeth diz que a vida é um ator correndo de um lado para o outro do palco, um conto narrado por um idiota cheio de som e fúria significando nada. Aí uma menina torceu o bico. Perguntei: "Qual é o problema com Woody Allen?". "Ah, professor, você sabe..." Agora não pode mais falar de Woody Allen. É politicamente correto não falar dele. Eu disse: "Daqui a pouco, passa essa histeria ao redor desse assunto e vocês vão poder recuperar a filmografia de Woody Allen". Quando falei em "histeria", essa menina quis morrer: "Como assim, histeria?". Mas é claro que é histeria. Há toda uma histeria ao redor do sexo e depois dizem que Freud está ultrapassado. Quem transou com quem, quem tentou transar

---

* Obra de William Shakespeare que narra a história de um general escocês que deseja se tornar rei. (N.E.)

com quem, quem passou a mão não sei onde – sexo no meio do expediente é a coisa mais ancestral que existe. Quanto mais homens e mulheres perto, mais sacanagem rola. A não ser que se torne todo mundo broxa, que é o que o politicamente correto faz no terreno da sexualidade especificamente.

Ilan – Essa confusão entre obra e criador está acontecendo muito agora, com **Monteiro Lobato** também e outros. Isso está ligado também a uma leitura rasa da obra.

Pondé – São as mesmas pessoas que querem destruir Shakespeare. Nem gosto de dar atenção a isso, porque é tão idiota! É o politicamente correto na sua vertente mais ridícula. Acho supersofisticado quando o politicamente correto tenta demonizar identidades masculinas e femininas. A perseguição a essas figuras é uma espécie de histeria coletiva, que não leva em conta, por exemplo, que Woody Allen é um dos caras que mais entendem da relação entre homens e mulheres no cinema contemporâneo. Fora que a história dele com a ex-mulher e com a enteada é uma situação bem duvidosa. E é claro que havia preconceito em Lobato, mas daí a destruir um autor importante na constituição infantil... Lobato era uma figura de sua época, de seu contexto. Parece-me, então, que a perseguição a autores como ele, para tornar o tema um pouco além do óbvio, é provavelmente coisa de picareta que quer ganhar dinheiro colocando um autor parceiro nas escolas. Do ponto de vista mais filosófico, é a destruição da imaginação moral porque

Lobato escreveu uma frase ruim sobre uma personagem negra supersofisticada em sua obra.

Ilan – O interessante é que a Tia Nastácia foi a criadora da principal personagem de Lobato, a Emília. E como você disse, o autor é um ser de seu tempo. Se o politicamente correto for a régua, não sobrará ninguém do passado. **Platão** e Aristóteles eram escravagistas. **Dante** tinha passagens islamofóbicas na sua *Divina comédia.* **Richard Wagner**, **Degas**, **Ezra Pound** eram antissemitas declarados. A lista é interminável. Ou conseguimos separar o autor da obra, ou podemos fazer como o imperador chinês **Shi Huangdi**, que em 213 a.C. realizou a maior queima de livros que o mundo jamais conheceu. Ele queria destruir toda a memória, a filosofia e a literatura produzidas na China antes do seu surgimento. O mundo começaria no presente, ou seja, com sua dinastia. Isso não quer dizer que não possamos falar criticamente sobre os preconceitos desses autores, mas as obras, quando grandiosas, são infinitamente maiores do que seus próprios criadores. E temos ainda outra questão: a cada época, a régua vai se modificando, dependendo de quem é dono dela. Ou aceitamos que as obras literárias devem ser julgadas pelos seus leitores e principalmente pelo tempo, ou aquela obra que hoje você acha superadequada para a criança, amanhã pode ser censurada, atacada pelo novo dono da régua.

Pondé – Na verdade, estamos cheios de preconceitos entre nós. Qualquer pessoa que diz que não tem preconceitos, para mim, é mentirosa. E eu acho muito interessantes os preconceitos contemporâneos. Gente bacana é cheia de preconceito. Por exemplo, num jantar de gente bacana, todo mundo acha que quem é evangélico é idiota, ignorante, burro. Experimenta convidar alguém que frequenta a coluna social de gente inteligente para ir a uma igreja evangélica. Ele vai dizer: "Não, ali só tem gente idiota".

Ilan – E a história de Lobato é bem interessante. Nos anos 1940, ele foi atacado por uma parte da direita brasileira. Um de seus críticos mais ferrenhos foi o padre Sales Brasil, que acreditava que Lobato tinha em seus textos uma intenção subversiva. Nessa mesma época, um procurador do estado de São Paulo chamado Clóvis Kruel – piada pronta – de Morais solicitou ao Tribunal de Segurança Nacional que todos os exemplares do livro *Peter Pan*, de Lobato, fossem retirados de circulação. A justificativa de Kruel – ou seja, sua régua – era de que o livro não tinha nada de inocente e alimentava um sentimento errado nas crianças em relação ao seu país. O texto de Lobato seria um perigo, porque introjetava nos seus leitores mirins um sentimento de inferioridade em relação a outros países. Mas Lobato amava o Brasil! Ele era um defensor ferrenho de nossa cultura, sem deixar de se encantar com as outras, é claro, e vivia fazendo pontes entre o Brasil e o imaginário universal. Perigo é termos leitores tão superficiais e estreitos como esse procurador. Infelizmente, esses tipos de leitores nunca nos abandonaram. Para muitos dos críticos de Lobato dessa época, as histórias para crianças que ele criava estimulavam o materialismo. Emília seria uma transgressora que dava maus exemplos à criançada, o sítio seria uma experiência bolchevique. Parece piada, mas temos textos contando sobre isso, um deles é *Livros proibidos, ideias malditas*,* de Maria Luiza Tucci Carneiro. E como eu disse antes, o dono da régua vai mudando. Então, 70 anos depois da perseguição a Lobato por setores conservadores, ele é agora perseguido por setores da esquerda, que usam a justificativa da linguagem (da época, somos seres de nosso tempo) que o autor usou para descrever Nastácia para aniquilar toda a sua obra. Outra obra atacada é a *Caçadas de Pedrinho*, que seria antiecológica – *meu deus*! Coitado de **Melville**, seu *Moby Dick* corre perigo! Novamente, tenho que dizer, podemos criticar e analisar a obra lobatiana, entender o contexto histórico, mas ela é muito maior do que seus preconceitos. Penso que só uma obra de primeira grandeza pode ser perseguida por setores da direita e da esquerda brasileira e sobreviver a tudo isso. Viva Lobato!

Pondé – Ele irritou gregos e troianos.

Ilan – Ele foi um homem de seu tempo, nunca devemos deixar de perceber que criadores são fruto também do seu meio.

---

* São Paulo: Ateliê Editorial, 2ª ed., 2002. (N.E.)

Se não fizermos essa separação do homem e da época, não conseguiremos ler nem ver ou ouvir mais nada. Na Itália, para onde viajo muito por causa dos livros que tenho publicados por lá, sempre busco os quadros de **Caravaggio** nas igrejas e nos museus. Tenho uma fascinação pelas obras dele. Mas não queira saber o que ele aprontou na vida. [*Risos*] Entre outras coisas, teve um caso com a mulher do irmão, acusado de homicídio. Mas nada disso me vem à cabeça quando estou em frente a suas obras. Suas pinturas mexem com a minha vida interior, mexem com o meu senso de beleza e feiura, me fazem tentar ser alguém melhor – não sei se consigo, mas tento, pelo menos. Nunca conheci alguém que leu, por exemplo, *O sítio do pica-pau amarelo* e se tornou racista por isso. Nunca. Pelo contrário, as pessoas que eu conheço, próximas, que leram Lobato são muito bacanas. As minhas filhas – veja aí os óculos da infância de novo – nunca deram bola para isso. Mas agora aparecem esses adultos *chatos* – a palavra é essa – que começam a confundir obra e autor, a contaminar o texto e a jogar para a criança um olhar que ela não tinha. Eu perguntei para um grupo grande de crianças, de escola pública e particular, na época mais quente da perseguição a Lobato: "Quem é Tia Nastácia? Vocês podem me falar sobre ela?". Nenhuma criança falou da cor da Nastácia. Nenhuma falou que ela era negra. Elas falaram: "É a mãe da Emília. Ela costurou a Emília. Ela

Nunca conheci alguém que leu, por exemplo, *O sítio do pica-pau amarelo* e se tornou racista por isso.

contava fábulas. Ela é medrosa, né? Ela é muito engraçada". Elas foram descrevendo situações, mas nenhuma falou sobre Tia Nastácia ser negra, porque essa não é a pauta da criança. O que interessa para a criança na história é a narrativa, que tem ser muito bem construída, porque a função da literatura é ampliar os horizontes real e imaginário da criança. Lobato cumpre essa missão de forma brilhante. Ele formou muitos escritores e intelectuais. Por isso, acho importantíssimo separar o homem real do que ele faz, senão, digo novamente, não vai sobrar nenhum artista do passado, do presente e do futuro.

Pondé – Só os ruins. Porque todo homem que é muito bom é sempre ruim, não faz nada.

Ilan – E a questão é: pessoas ruins podem fazer coisas boas?

Pondé – Desses artistas aí, que acham que só têm bons sentimentos dentro deles, não sobra nada. Acho que o politicamente correto é uma universidade para formar **Torquemada** de bolso.

Ilan – Literatura em certa dose é ruptura e transgressão. Literatura traz histórias e conflitos. E eu faço uma relação de uma das funções da literatura com a função das vacinas. Chamo a isso de vacina literária. Comecei a pesquisar há alguns anos sobre como as vacinas foram criadas. É tão interessante! Um dia quero até escrever uma ficção sobre isso. No século XVIII, muitas pessoas morriam de varíola, e só havia um método conhecido para ajudar os doentes, a "variolação". Esse tratamento vinha da China e era meio nojento: aplicava-se uma injeção com o pus* de alguém com varíola numa pessoa saudável. Isso ajudava um pouco, criava alguns anticorpos, mas a pessoa acabava morrendo ou ficava com sequelas, se pegasse a doença. Um dia, **Edward Jenner**, um médico inglês que dedicou sua vida ao estudo da varíola, após ouvir uma lenda na Inglaterra de que as ordenhadoras de vaca que desenvolviam uma doença chamada de *cowpox*, a varíola das vacas, não eram afetadas pela varíola humana, fez uma coisa atroz, que hoje seria terrível. Ele pegou uma seringa, tirou pus das feridas de uma dessas ordenhadoras, chamada Sarah Nelmes, e o introduziu num menino saudável chamado James Philipps, de oito anos. Isso foi em 1796! O menino começou a desenvolver a varíola da vaca, mas ficou bem. O médico, então, depois de seis semanas, pegou outra injeção e colocou o vírus da varíola humana no menino, que não ficou doente depois. Assim, a vacina foi criada, e é por isso que ela tem esse nome, porque vem da palavra "vaca" em latim. Aliás, eu tenho vontade de cutucar esses pais que não vacinam os filhos, porque tem gente que está morrendo por causa disso. Isso está acontecendo nos jantares de inteligentes de que você fala, Pondé, está acontecendo também na classe média alta. Os filhos acabam protegidos porque outras pessoas estão

---

* A doença provoca lesões purulentas na pele do infectado. (N.E.)

imunizadas, mas, como há menos gente se vacinando, algumas doenças estão voltando. Tem um político italiano[*] da Liga, que é um partido de direita, que era contra a vacinação. Ele pegou catapora, Pondé. Catapora. Aí mudou o discurso.

Uma vacina é um pouco do que estamos precisando hoje em dia para nos protegermos deste mundo maluco onde vivemos, principalmente na literatura, que é o meu campo de trabalho, mas também em outros campos. Temos que pegar o que podemos chamar de agentes estressores da vida – obstáculos, conflitos, morte – e fortalecer o nosso sistema imune simbólico. Quando falo isso para os pais, Pondé, eles arregalam os olhos e começam a entender. Obras como a de Lobato e a de Shakespeare são essas vacinas. Elas são vacinas para o ser humano ganhar resistência para quando uma situação acontecer de verdade. Para quando vierem a morte, a frustração, a angústia, que fazem parte da vida de todos. Precisamos, então, colocar um pouquinho desse veneno na nossa vida. Vou explicar isso melhor com uma história. Existe uma lenda bem antiga sobre um rei chamado Mitrídates IV, que era soberano de Pontus, na Ásia Menor. Esse rei estava em constante ameaça de envenenamento por seus inimigos. O que ele fez? Conseguiu alguma proteção ao ingerir doses não letais de vários tipos de venenos. Com isso, seu corpo estava

---

[*] Massimiliano Fedriga, um dos principais militantes do movimento antivacinas na Itália. (N.E.)

preparado para o pior. Séculos depois, na Antiga Roma, criou-se um método chamado *Antidotum Mithridatium*.

Pondé – Que é o princípio da imunização. Essa metáfora didática é perfeita, só temos que lembrar que, mesmo quem toma vacina, às vezes morre. Mas não há dúvidas de que a vacinação é importante e que a sua metáfora de vacinação simbólica funciona. A literatura tem essa função, assim como a prova oral, por exemplo. Mas, agora, é muito fácil qualquer psicólogo ou pedagogo tonto dizer: "Você está fazendo essa criança sofrer".

A importância do mundo simbólico

Pondé – Em alguns ambientes, o politicamente correto já é algo *descolado*. O que quero dizer com isso? Como eu disse no começo, sou muito envolvido com meus filhos, assim como outros pais. Meu avô, por exemplo, também era desse jeito. E era envolvido no dia a dia mesmo. Às vezes era questão de temperamento, questão de contexto. Mas, hoje, temos esses jovens *hipsters* que, quando botam uma colher de comida na boca do filho bebê, é um *statement*. Isso é o que chamo de "politicamente correto descolado". É um exemplo do que entendo pelo politicamente correto que entrou no âmbito de um certo fetiche de comportamento. Os pais querem parecer descolados com os filhos. No sentido de que, se o filho gosta de coisas que parecem horrorosas, que os pais esteticamente não conseguem gostar, é legal fingir que acham tudo lindo. Por que estou me referindo a isso? Vou entrar num terreno pedregoso agora. Por exemplo, filhos com sofrimentos psicológicos, com sofrimentos de identidade sexual. Muitas vezes, o pai e a mãe que, em *off*, sentem medo, angústia, insegurança com o fato de o filho ou a filha não ser heterossexual, por exemplo – hoje é muito mais complexo do que isso, mas vamos ficar só na ponta do *iceberg* –, para serem politicamente corretos e descolados, saem falando aos quatro cantos que acham isso lindo, maravilhoso. Que para eles em momento nenhum foi difícil, não tiveram que fazer nenhum tipo de reconstrução para entenderem que não deveriam sentir raiva, ficar chocados. Evidentemente, se você é um pai ou uma mãe razoável, em algum momento tem que lidar com isso e entender que aquele continua sendo o seu filho, para reconstruir o vínculo afetivo caso ele tenha sido, de alguma forma, danificado. Mas o descolado é dizer que você não teve que fazer esforço, que não foi um caminho um pouco mais longo.

A questão hoje é a seguinte: tudo é lindo. Não há sofrimento. Só que, como diz Dr. House:[*] *"Everybody lies"*, todo mundo mente. Todo mundo é mais ou menos infeliz. Quem fala o contrário mente. Mas o politicamente correto embaralha até a possibilidade de se refletir, no âmbito da psicologia, da pedagogia, da Academia, enfim, se existe algum tipo de sofrimento nesse comportamento dos pais para com as identidades sexuais dos filhos. Os psicólogos que não mentem dizem que há sofrimento tanto para o filho quanto para os pais em lidar com o fato de que ele não tenha demonstrado uma identidade heterossexual. E acho que esse – não que outros problemas não sejam reais – é um dos terrenos onde o politicamente correto faz mais estrago hoje. Não podemos lidar com nenhuma dificuldade, não podemos ter nenhuma atitude, não podemos demonstrar nenhum desejo, porque temos que

---

[*] Personagem de um seriado homônimo americano, conhecido por seu humor ácido. (N.E.)

ser o tempo todo alguém que não tem monstros dentro de si. É como se tivesse sido decretado por lei que pessoas não podem ter demônios dentro delas. Só que, como você falou anteriormente, todo mundo tem um monstro. O que nos mantém em pé é um pouco a luta contra nossos demônios. Mas, por agora, ainda que existam no âmbito da educação figuras como você, que dizem outra coisa, que vão contra isso, eu não sei se é possível imaginar que algo vai mudar. Talvez daqui a 100, 150 anos.

> **Não podemos lidar com nenhuma dificuldade, não podemos ter nenhuma atitude, não podemos demonstrar nenhum desejo, porque temos que ser o tempo todo alguém que não tem monstros dentro de si.**

Ilan – Guimarães Rosa tem uma fala linda no *Grande sertão: Veredas*. Ele diz que toda vez que uma criança nasce, o mundo recomeça. Como trabalho com crianças e trabalho muito próximo a educadores, talvez eu seja contaminado por essa esperança. Dou muitas palestras para pais e, quando falo sobre esse assunto com eles, vejo que existe abertura para isso e uma conscientização. Uma vez, em Goiânia, uma mãe me contou transtornada depois de uma palestra: "Sabe o que eu faço com meu filho mais velho? Sempre que ele ganha da avó um desses bonecos que têm uma arminha na mão, eu arranco o braço do boneco, porque não quero que meu filho seja violento".

Pondé – Ela arranca o braço, mas não quer violência.

Ilan – Pois é. E aí dava o boneco para o filho sem nada de violência. Essa é uma outra moda. Tirar da criança arma de plástico, espada de brinquedo é uma mania que já tem muitos anos. E essa mãe, depois da palestra, me abraçou, porque eu falei da importância do simbólico, e disse: "Tenho dois outros filhos, mas esse mais velho é o mais problemático, o mais violento. É o que mais me dá problema na escola". "Claro, porque você não dá uma válvula de escape para esse menino." Brincar de arminha é brincar.

Pondé – É polícia e ladrão.

Ilan – Falei a mesma coisa. E ela disse: "É, agora estou me dando conta disso". Os pais ficam apavorados com o brincar de violência, o brincar de matar, mas se esquecem da própria infância. Quando a criança faz "pá" e finge dar um tiro, ela está brincando, não significa que vai virar um bandido. Ela está apenas expressando o seu poder, brincando com a vida e com a morte simbolicamente, o que é saudável, já que vai tirando a raiva de dentro de si de forma segura e sem grandes consequências na vida real. Se tirarmos a espada de brinquedo da vida infantil, por exemplo, a criança vai fazer uma de papel sulfite, pegar um graveto, usar o dedo! Eu convivo com crianças, eu vejo isso o tempo todo. Brincar com espada é algo tão antigo quanto a própria humanidade. É como a questão de gênero. Essa é uma seara complicada, mas pensar que menina que brinca com boneca é algo somente cultural, não é; é algo muito antigo, calcado em cultura e em biologia, uma mescla dos dois. Em escavações arqueológicas pelo mundo aparecem de vez em quando bonecas, espadas e outros brinquedos infantis, isso muito antes da existência de propaganda, lojas de brinquedo etc. Por exemplo, na Sibéria encontraram a sepultura de uma menina, datada de 4.500 anos, com uma boneca do lado.* Existem muitas descobertas arqueológicas pelo mundo mostrando que existe um padrão – não é uma regra – de brincadeiras de meninas e meninos. É claro que pode haver fluidez nisso, é óbvio. As minhas filhas mesmo, uma gostava de boneca e a outra, não.

Pondé – É claro que não é para bater em todo mundo com a espada. E também não se pode dizer para a menina: "Você só vai ter bebê na vida".

Ilan – É claro que não. Mas existem meninas, uma grande parte, que gostam de brincar de bonecas e de maternidade. E meninos que preferem a espada de brinquedo. Há um componente biológico nisso, não dá para dizer que a culpa é só da propaganda, por exemplo. E quando se começa a querer reformar a natureza humana, a consequência é atroz. Eu gosto muito de um autor israelense que faleceu em 2018, **Amós Oz**. Em seu livro *Judas*,** há uma passagem em que o personagem

---

*   Disponível na internet: https://aventurasnahistoria.uol.com.br/noticias/historia-hoje/esta-e-a-boneca-mais-antiga-do-mundo.phtml.
**   São Paulo: Companhia das Letras, 2014. (N.E.)

faz referência a uma frase de Kant. Não consegui encontrar a fonte original, mas essa frase cai como uma luva neste nosso assunto. Kant teria dito: "O homem não é mais do que um toco de madeira torto e áspero por natureza. E não devemos tentar aplainá-lo, pois podemos rachá-lo até o pescoço, mergulhado em sangue". Ao negarmos às crianças brincadeiras por considerá-las estereotipadas, estimuladoras de violência, que reforçam papéis na sociedade etc., estamos rachando a infância, adoecendo essas crianças – nunca a criançada no mundo ocidental tomou tanto remédio ligado aos afetos como na nossa época; os números são alarmantes.* Pessoas que fazem isso podem ter as melhores intenções do mundo, acredito piamente nisso, mas os resultados são catastróficos.

Crianças precisam de espaços onde o seu mundo simbólico possa se projetar. Se retirarmos isso delas, sobram inquietude, revolta, indisciplina, angústia.

Crianças precisam de espaços onde o seu mundo simbólico possa se projetar. Se retirarmos isso delas, sobram inquietude, revolta, indisciplina, angústia, tudo o que tenho visto aumentar nestes mais de 20 anos trabalhando com a infância em espaços públicos e privados. Se os pais querem que o filho seja um cara não violento, não tirem a espadinha dele! Sejam eles, pai, mãe e também os professores, um modelo de não violência.

---

* Ver: https://saude.estadao.com.br/noticias/geral,brasil-registra-aumento-de-775-no-consumo-de-ritalina-em-dez-anos,1541952.

Lembro de um casal que eu conhecia bem me perguntando há alguns anos por que não escrevia um livro estimulando a paz e a tolerância, pois os filhos deles precisavam de algo assim. O engraçado é que esse casal brigava o tempo todo! Eram brigas feias, os filhos viam e sugavam aquilo. As crianças aprendem a tolerância, o respeito e a ecologia observando os adultos que estão ao redor, e não as proibindo de brincar de Power Rangers. Como dizia Aristóteles, a virtude se aprende praticando, e não falando. Devemos mostrar na prática para os nossos filhos o que acreditamos serem nossos valores e deixar que eles brinquem em paz.

Pondé – Falando de brincadeiras e do simbólico, do papel que elas têm, eu me lembro de uma especificamente. No início da adolescência, meninos e meninas, brincávamos de girar a garrafa. As meninas ficavam todas à frente, e aquela para quem a garrafa apontasse tinha que beijar você na boca. Se as pessoas aceitavam participar disso, é porque queriam beijar alguém na boca ali, e a brincadeira introduzia a dimensão erótica desse desejo que não estava posto. O problema era quando a garrafa apontava para uma menina que, na verdade, não queria beijar você na boca. Mas, ao mesmo tempo, a brincadeira poderia inaugurar um namoro que você nunca teria coragem de começar, de chegar na menina e dizer: "Quero beijar você na boca". E a garrafa fazia isso por você. É por isso que acredito mais em brincadeiras assim do que em professoras de educação sexual. Não quando se trata de problemas de doenças sexualmente transmissíveis e cuidados com o corpo, mas acredito mais em brincadeiras como essa do que dar uma pauta superideológica sobre como deve ser a educação sexual. Porque ninguém sabe como se constitui a identidade sexual.

Ilan – E querer controlar brincadeira espontânea é a coisa mais cruel que estamos fazendo hoje nesse campo. Freud e **Vygotsky** falavam sobre isso. Porque é o momento de a criança se expressar, de se projetar no futuro. É por isso que existe ludoterapia. Quando atende uma criança de quatro anos, o terapeuta não pergunta para ela, por exemplo: "Você está angustiado porque seus pais estão se separando?". Não, ele deixa a criança brincar. Porque, brincando, ela se expõe. E na brincadeira livre, que tem a espada, que tem a boneca, que tem a correria, que tem a violência, com segurança – sempre falo para os professores e para os pais que, claro, se uma criança enfiar um objeto no olho de outra, eles têm que interferir –, quase sempre tudo se resolve entre as crianças. Bom, pelo menos era assim até tempos atrás. Só que, às vezes, os pais se atacam por causa de uma briga entre os filhos e depois, no dia seguinte, as crianças voltam a ser melhores amigas, como no filme *Deus da carnificina*.*

---

* Filme de 2012, dirigido por Roman Polanski, conta a história de dois casais que se reúnem para conversar sobre a briga que os filhos tiveram, mas acabam se agredindo verbalmente. (N.E.)

Pondé – Esse é um baita filme!

Ilan – Eu amo esse filme. Mas nem todas as pessoas percebem o final dele, quando aparece o letreiro. Os pais se "matam" e, no final, aparecem os dois meninos conversando. Eles voltam a ser melhores amigos. Aliás, vem acontecendo algo parecido aqui no Brasil, com pais indo tirar satisfação, por meio de violência física e psicológica, de pequenos conflitos que ocorrem corriqueiramente na vida em grupo de crianças.[*] Às vezes, esses mesmos pais – bela ironia – são aqueles que vão reclamar da adoção de livros para seus filhos com conteúdos mais violentos.

Pondé – Acho que grande parte desse debate está estragado porque temos uma mentalidade de engenheiro simplista: faz A, não acontece B. Ou se não faz A, não acontece B. Penso que a expectativa dessa engenharia atrapalha o raciocínio. O fato de crianças brincarem com jogos violentos não significa que é matematicamente garantido que alguma delas será violenta. Por exemplo, o caso de Suzano. Não acho que aqueles jovens fizeram aquilo porque gostavam de jogos violentos. A humanidade sempre se matou. Quando nos desocupamos, nos matamos. Sempre. E vamos continuar fazendo isso. Fico espantado como casos assim não acontecem

---

[*] Ver: https://g1.globo.com/df/distrito-federal/noticia/2018/12/12/casal-segura-menino-para-que-filho-o-agrida-em-condominio-no-df-veja-video.ghtml.

mais vezes. Eu, na verdade, fico até otimista com isso, porque deveria acontecer mais do jeito que as coisas estão. Do jeito que a vida está estragada, que as famílias estão chatas, que a escola não sabe o que fazer. Acho que há dois problemas em casos como esse de Suzano: primeiro, pensar que a culpa é dos jogos violentos; segundo, acreditar que, se os jovens não jogarem jogos violentos, estarão vacinados contra isso. Não existe vacina. Como sempre digo, ninguém tem a mínima ideia de por que casos assim acontecem. São tantas variáveis, tantas questões. Talvez, se perseguirmos a história daqueles meninos, especificamente, até a família, até a escola, até doenças, namoradas que tiveram ou não, chegaremos a uma teoria. Mas matar? A humanidade sempre se matou. E vai continuar se matando. De vez em quando, alguém vai matar gente em escola.

Ilan – Concordo com você, Pondé. As causas são muitas e complexas. Fácil é culpar logo os jogos, o pai, a mãe etc.

Quando começou essa perseguição aos *videogames*, vi nas redes sociais uma reação muito interessante. As pessoas que jogam esses jogos violentos reagiram com a *hashtag*: #somosgamersnãoassassinos. É exatamente isso, a maioria das pessoas que gostam desses jogos são pessoas comuns e não psicopatas. Os jogos são uma válvula de escape. Eu chamo a isso de escoamento metafórico. É o que a criança faz quando brinca de violência. Ela está *brincando* de violência. Vi um meme interessante: "Por que estamos em guerra? Por causa dos jogos de guerra". E a imagem era da Segunda Guerra Mundial, quando não existia *videogame*.

Pondé – Imagine quanta gente se matou antes de existirem os jogos.

Ilan – Exatamente. Mas o politicamente correto coloca que jogos violentos criam assassinos. Como se Banco Imobiliário criasse ricos e Super Mario, encanadores. Mentira. Essa mania de perseguição ao mundo simbólico também aconteceu com as histórias em quadrinhos. Nos Estados Unidos, mais a partir dos anos 1940, elas foram perseguidas por setores mais conservadores americanos. Um psiquiatra alemão dessa época, naturalizado americano, **Fredric Wertham**, ganhou fama mundial com livros e artigos que condenavam os maléficos *comics*. Ele chegou a afirmar que uma das causas principais de um certo assassinato ocorrido na época de uma mãe pelo filho teria sido a influência de filmes e revistas policiais, além de dizer que muitos dos jovens delinquentes que ele havia conhecido liam *comics*. A influência desse homem era tanta que algumas editoras resolveram limpar, higienizar – termo que elas mesmas usavam – seus produtos. Alguns editores começaram até a colocar selos de não violência nas suas HQs e, para variar um pouco, as chamas da ignorância crepitaram na cidade de Binghamonton, em 1948, onde uma fogueira foi alimentada com revistinhas de super-heróis. Como se vê, a delinquência e a depravação muitas vezes estão dentro da mente daqueles que perseguem as histórias. Obviamente, isso chegou aqui no Brasil também. Tem uma matéria aqui dos anos 1950 que diz: "Histórias em quadrinhos: Roteiro para a delinquência".* Era a tradução de um artigo desse psiquiatra alemão. Fazia-se essa relação da história em quadrinhos com o aumento da violência. Mas uma coisa não tinha relação com a outra. Quanto mais simbólica a história, quanto mais simbólico o *videogame*, mais a criança consegue fazer o que Aristóteles chamava de catarse – a catarse do teatro.** Já que os jovens não vão mais para o teatro, o *videogame* é a forma da catarse deles, onde projetam toda a sua agressividade contida, seus temores, seu desejo por aventuras e, depois do jogo, se acalmam e vão para o mundo real. O problema, na minha opinião, não só do *videogame* como do celular, do computador, é o tempo que se passa em frente às telas. Porque se alguém passa sete, oito, nove, dez horas em frente a uma tela – e isso acontece mesmo –, fica irrequieto, antissocial.

Pondé – Ele pode não matar ninguém, mas que tem problema, tem.

---
* Essa matéria pode ser vista no livro *A guerra dos gibis: A formação do mercado editorial brasileiro e a censura aos quadrinhos, 1933-64*, de Gonçalo Junior, publicado pela Companhia das Letras em 2004. (N.E.)
** Para Aristóteles, o teatro tinha uma função libertadora, de purgação das paixões que eram nele representadas. (N.E.)

Ilan – Exatamente. Há casos de epilepsia por conta disso, além do problema de isolamento também. Mas, para o politicamente correto atroz, não há problemas no isolamento vendo Barney,* por exemplo. Você se lembra dele, Pondé? "Amo você, você me ama, somos uma família feliz." As pessoas gostavam desse dinossauro. Eu não gostava, mas uma das minhas filhas curtia. O falecido senador **John McCain**, republicano, dizia: "É importante o Barney". Mas, veja que doideira, a sociedade americana puritana é a que mais consome pornografia no mundo.

Pondé – É a repressão.

Ilan – Exatamente, essa é a palavra. Aliás, Barney era a expressão do politicamente correto. Porque algumas daquelas crianças que participavam do programa, que contemplavam todas as categorias do politicamente correto, cresceram e ficaram famosas, mas com alguns desajustes sociais e psíquicos. Vou deixar o pessoal pesquisar na internet para descobrir quem fez parte do elenco de Barney. É tão interessante isso. Passada a perfeição daquele momento, vem a realidade.

Para terminar nossa conversa, eu queria dar o exemplo de dois livros que hoje em dia não frequentam mais as escolas.

---

* Personagem da série americana voltada ao público infantil *Barney e seus amigos*, exibida originalmente entre 1992 e 2009. (N.E.)

Pondé – Eles foram retirados?

Ilan – Não, esgotaram, porque não fizeram muito sucesso por aqui. Um deles foi considerado um dos cem melhores livros ingleses de todos os tempos. Ele se chama *Agora não, Bernardo*.[*] É uma história pequenininha, mas tão profunda... O livro começa assim: "Oi, pai", diz o Bernardo. "Agora não, Bernardo", diz o pai. "Oi, mãe", diz o Bernardo. "Agora não, Bernardo", diz a mãe. "Tem um monstro no jardim. Ele vai me devorar", diz o Bernardo. "Agora não, Bernardo", diz a mãe. E o monstro devora Bernardo inteirinho, pedacinho por pedacinho. Ele entra na casa, morde o pai do Bernardo. "Agora não, Bernardo", diz o pai do Bernardo. O monstro janta, vê televisão, quebra um brinquedo do Bernardo. "Vá para a cama, já deixei seu leite no quarto", grita a mãe do Bernardo. "Mas eu sou um monstro", diz o monstro. "Agora não, Bernardo."

Isso é literatura de primeira! Esse era o livro preferido de uma das minhas filhas. Eu o li umas 500 vezes com ela, e a cada vez descobríamos mais camadas interpretativas no livro, tanto no texto como na ilustração.

Outro livro que não fez sucesso aqui e que é maravilhoso é *Super-Hiper-Jezebel*, de Tony Ross.[**] Para mim, esse autor

---

[*] De David McKee. São Paulo: Martins Fontes, 2010. (N.E.)
[**] São Paulo: Martins Fontes, 2003. (N.E.)

inglês – outro clássico na terra da rainha – conseguiu sintetizar na Super-Hiper-Jezevel o que é o politicamente correto. O autor faz uma crítica ácida a essa ideologia – não sei se essa foi mesmo a intenção dele, mas me pareceu ser – que transforma crianças em seres perfeitos e imaculados, mas cujo final pode não ser o melhor. As ilustrações ajudariam muito a entender essa narrativa, aqui só teremos o texto. Ele conta a história de uma menina, chamada Jezebel, que é perfeita em tudo. Enquanto todo mundo corre, ela anda direitinho. Ela toma remédio sem reclamar, diz obrigado, joga o lixo fora, não enfia o dedo no nariz... Enfim, ela é perfeita. Ela é tão perfeita em matemática e português que recebe medalhas da primeira-ministra por ser tão boa, ganha uma estátua por ser a melhor menina do mundo. E conforme a história vai passando, Jezebel vai ficando cada vez mais vampiresca. No final, todas as crianças aparecem correndo porque um crocodilo fugiu do zoológico. Jezebel diz: "Não pode correr, a gente escorrega". Aí vem o crocodilo e come Jezebel. Alguém diz para ele: "Seu malvado, você comeu a melhor menina do mundo". E ele responde: "Já comi coisa melhor". Esse final é estupendo!

Pondé – Se contar isso para as crianças hoje...

Ilan – Já contei muito e elas adoram porque sabem intuitivamente que o mundo de Jezebel não é real, e sim artificial.

Eu queria terminar com uma passagem de que gosto muito, de outro livro de Amós Oz, *Como curar um* *fanático*.* Ele diz que o grande antídoto contra o fanatismo são o humor e a curiosidade. Para ele, os fanáticos não têm senso de humor e possuem muitas certezas que implicam na não curiosidade. E a literatura de qualidade carrega dentro dela, entre outros conteúdos, o humor e o despertar da curiosidade. Embora não seja função da literatura reformar a sociedade, ela possibilita um mergulho dentro da nossa própria humanidade.

---

* Rio de Janeiro: Ediouro, 2004. (N.E.)

Glossário

Agualusa, José Eduardo (1960): Jornalista e escritor angolano com livros traduzidos para mais de 20 idiomas. Seu romance *Teoria geral do esquecimento* foi finalista do Prêmio Man Booker International, em 2016. É colunista do jornal carioca *O Globo*.

Alighieri, Dante (1265-1321): Escritor italiano nascido em Florença. Algumas de suas obras mais importantes são *Vida nova* (*La vita nuova*) e *Divina comédia* (*Commedia*). Na primeira, Dante narra a história de seu amor platônico por Beatriz. A segunda é sua grande obra: trata-se de um poema alegórico filosófico e moral que resume a cultura cristã medieval.

Allen, Woody (1935): Cineasta, roteirista, escritor e ator americano, a maioria de seus filmes trata das neuroses humanas, sobretudo daquelas características dos moradores das grandes cidades. Seus enredos apresentam sempre uma crítica mordaz e sutil. Em sua vasta filmografia constam títulos como *Noivo neurótico, noiva nervosa* e *A rosa púrpura do Cairo*. Nos últimos anos, Allen vem sendo acusado de uma série de casos de abuso sexual envolvendo familiares.

Ariès, Philippe (1914-1984): Historiador francês, sua obra mais conhecida é *História social da criança e da família*, tida como a primeira a tratar do tema. Nesse livro, o autor mostra a transformação da sociedade a partir da mudança do comportamento daqueles que a compõem, focando na tomada de consciência social da criança e da infância.

Aristóteles (384-322 a.C.): Filósofo grego, é considerado um dos maiores pensadores de todos os tempos e permanece sendo referência intelectual na atualidade. Ao lado de Sócrates e Platão, figura entre os expoentes da Antiguidade Clássica que mais influenciaram o pensamento ocidental. Discípulo de Platão, interessou-se por diversas áreas, tendo deixado um importante legado, sobretudo para as humanidades.

Berruguete, Pedro (1450-1504): Pintor espanhol, sua obra é tida como de transição entre os estilos gótico e renascentista. Grande parte dela constitui o acervo do Museu do Prado, em Madri, na Espanha.

Bettelheim, Bruno (1903-1990): Psicólogo austro-americano, seu nome é comumente associado aos contos de fadas. Em sua obra *A psicanálise nos* *contos de fadas*, o autor faz uma análise do significado das mais famosas histórias contadas para as crianças e por que, sob a luz da psicanálise, tanto agradam o público infantil.

Burke, Edmund (1729-1797): Filósofo e político irlandês, teve atuação marcada pela postura economicamente liberal, mas politicamente conservadora. Publicou tratados político-filosóficos de grande repercussão como *Uma investigação filosófica sobre a origem de nossas ideias do sublime e do belo* e *Reflexões sobre a revolução na França*.

Butler, Joy (1957): Pesquisadora britânica, é professora no Departamento de Currículo e Pedagogia da Univerty of Brittish Columbia, em Vancouver, no Canadá.

Caravaggio (1562-1609): Pintor italiano, é considerado um dos mais originais da história da arte. Retratou modelos reais em suas pinturas, sem se preocupar com os conceitos de beleza e feiura, expondo a deformidade em cenas provocantes.

Chesterton, Gilbert Keith (1874-1936): Escritor inglês, sua obra é bastante versátil. Escreveu inúmeros artigos de jornais, biografias e livros de ficção.

Cioran, Emil (1911-1995): Escritor e filósofo romeno radicado na França, seu trabalho é marcado pelo pessimismo, sobretudo em relação à existência e ao destino dos seres humanos.

Corden, James (1978): Humorista, apresentador e cantor britânico, tornou-se mundialmente conhecido pelo quadro "Carpool Karaoke", no qual convida celebridades a cantar junto com ele enquanto dirige pelas ruas de diferentes cidades.

Degas, Edgar (1834-1917): Artista francês, mais conhecido por suas pinturas, especialmente sua série de bailarinas, sua obra tem fortes influências do impressionismo, mas também do realismo, e se detaca pelo uso de cores em tom pastel. Filho e neto de banqueiros, seu trabalho foi bem-aceito pela crítica e aristocracia da época, o que lhe permitiu certa independência financeira. Por ter sido a favor da condenação de Alfred Dreyfus, oficial do exercíto francês de origem judaica acusado injustamente de traição ao governo, foi apontado como direitista e antissemita.

Derrida, Jacques (1930-2004): Filósofo francês conhecido pela teorização do desconstrutivismo, é um dos mais renomados pensadores da pós-modernidade. Deixou um grande legado intelectual para o Brasil e outros países que foram colonizados pelos povos europeus, pois desmascarou os rastros do imperialismo.

Dewey, John (1859-1952): Filósofo e pedagogo norte-americano para o qual a noção de *experiência* constitui o fundamento da realidade de uma maneira ampla. Segundo ele, a experiência é o ponto de relação entre o ser vivo e seu ambiente, tanto físico quanto social.

Dostoiévski, Fiódor (1821-1881): Escritor russo, é considerado um dos maiores romancistas da literatura mundial. Inovador por explorar problemas patológicos como a loucura, a autodestruição e o assassinato, suas obras mais conhecidas são *Crime e castigo*, *Notas do subterrâneo* e *Os irmãos Karamazov*.

Freud, Sigmund (1856-1939): Médico neurologista e psiquiatra austríaco, ficou conhecido como o "pai da psicanálise" por seu pioneirismo nos estudos sobre a mente e por apresentar ao mundo o inconsciente humano. Defendia a tese de que há uma relação entre histeria e sexualidade e estudou o impacto dos traumas sofridos na infância para a vida mental adulta. Sua obra é objeto de questionamento, mas ainda exerce muita influência na área.

Furedi, Frank (1947): Sociólogo húngaro e professor emérito de Sociologia na Universidade de Kent, na Inglaterra, é também comentarista em programas de rádio e TV.

Goethe, Johann Wolfgang von (1749-1832): Poeta, dramaturgo, romancista e ensaísta alemão, teve grande relevância no cenário literário de seu país e para o romantismo europeu da virada do século XVIII para o século XIX. É autor de *Os sofrimentos do jovem Werther* (1774), *Fausto* (1806) e *Afinidades eletivas* (1809).

Guimarães Rosa, João (1908-1967): Ficcionista e diplomata brasileiro, tornou-se conhecido como escritor a partir da publicação de *Sagarana* em 1937. Seu trabalho é marcado pela invenção e pela inovação vocabular. Entre suas obras destacam-se *Grande sertão: Veredas* e *Primeiras estórias*.

Gutenberg, Johannes (c. 1400-1468): Mestre gráfico alemão, foi pioneiro no campo da imprensa gráfica. Dedicou-se à fabricação de caracteres móveis, inventando a tipografia. O primeiro livro impresso por Gutenberg foi a *Bíblia*, com uma tiragem de 180 exemplares.

Himmelfarb, Gertrude (1922): Americana com ascendência judia, é historiadora e professora emérita da Universidade da Cidade de Nova York, nos Estados Unidos. É conhecida por revisitar a tradição conservadora britânica, renovando o pensamento conservador.

Huxley, Aldous (1894-1963): Escritor e filósofo inglês, entre suas obras mais proeminentes está o romance distópico *Admirável mundo novo*, de 1932.

Irmãos Grimm: Pesquisadores, filólogos e escritores alemães, Jacob Ludwig Carl (1785-1863) e Wilhelm Carl Grimm (1786-1859) são mundialmente reconhecidos como autores de obras-mestras consagradas na literatura infantil, tais como *João e Maria* e *Branca de Neve e os sete anões*, nas quais desenvolveram o folclore e a temática romântica. Os irmãos também se dedicaram à produção de gramáticas e dicionários.

Jenner, Edward (1749-1823): Médico e pesquisador inglês nascido em Berkeley, no Reino Unido, descobriu a vacina contra a varíola, a primeira imunização desse tipo da história do Ocidente.

Johnson, Paul (1928): Nascido na Inglaterra, é considerado um dos mais renomados historiadores contemporâneos. Escritor e jornalista, publicou dezenas de livros e artigos. Conservador, na obra *Os intelectuais*, traça um perfil bastante crítico de personalidades como Rousseau e Marx.

Kant, Immanuel (1724-1804): Filósofo alemão, suas pesquisas conduziram-no à interrogação sobre os limites da sensibilidade e da razão. A filosofia kantiana tenta responder às questões: Que podemos conhecer? Que podemos fazer? Que podemos esperar? Entre suas obras, destacam-se *Crítica da razão pura*, *Crítica da razão prática* e *Fundamentação da metafísica dos costumes*.

Lévi-Strauss, Claude (1908-2009): Belga de nascença, é um dos grandes pensadores do século XX e um dos expoentes do estruturalismo. Foi professor honorário do Collège de France, onde ocupou a cátedra de Antropologia Social de 1959 a 1982. No Brasil, onde esteve de 1935 a 1939, desenvolveu trabalhos sobre os povos indígenas, além de ter ministrado cursos de Sociologia na Universidade de São Paulo. Autor de renome internacional, entre seus livros estão *As estruturas elementares do parentesco*, *Tristes trópicos* e *O pensamento selvagem*.

Lewis, Clive Staples (1898-1963): Foi um professor universitário e escritor irlandês. Uma de suas obras ficcionais mais conhecidas é a série de romance fantástico chamada *As crônicas de Nárnia*. Sua produção é bastante vasta também no campo da não ficção, destacando-se *O cristianismo puro e simples*, trabalho tido como o compêndio de seu pensamento. Criado segundo os preceitos da fé cristã, tornou-se ateu ao longo da adolescência, retornando ao cristianismo durante a vida adulta.

Lobato, Monteiro (1882-1948): Foi fazendeiro, advogado, diplomata, sociólogo, empresário, jornalista, ensaísta, crítico de arte e literatura, pintor, tradutor, escritor de cartas e de obras infantis, precursor do realismo fantástico no Brasil. Publicou seus primeiros contos em jornais e revistas e, posteriormente, reuniu uma série deles em *Urupês*, sua obra-prima. Ficou famoso com o livro *O sítio do pica-pau amarelo*, que traz seus personagens mais famosos (Emília, Narizinho, Dona Benta, Tia Nastácia e Visconde de Sabugosa, entre outros) e deu origem a uma vasta obra no campo da literatura infantil.

Luís XIV (1638-1715): Monarca francês conhecido como O Grande, ou o Rei Sol, teve um longo reinado, com duração de mais de 60 anos, que se destacou pelo absolutismo monárquico, baseado no "direito divino dos reis" e pelo incentivo cultural.

Lutero, Martinho (1483-1546): Monge agostiniano e professor de Teologia germânico, tornou-se uma das figuras centrais da Reforma protestante. Foi contra diversos dogmas do catolicismo romano, contestando, sobretudo, o comércio de indulgências (perdão de Deus em troca de dinheiro), autorizado pelo papa Leão X. Propôs, com base em sua interpretação das Sagradas Escrituras, que a salvação não poderia ser alcançada por boas obras ou por méritos humanos, mas tão somente pela fé.

Machado de Assis, Joaquim Maria (1839-1908): Carioca de origem humilde, é considerado um dos maiores escritores da língua portuguesa. Suas obras vão de poesias a crônicas, passando por todos os gêneros literários. Fundador da Academia Brasileira de Letras, foi por mais de dez anos seu presidente. Entre seus principais livros estão *Memórias póstumas de Brás Cubas* e *Dom Casmurro*.

Marcuse, Herbert (1898-1979): Influente sociólogo e filósofo do século XX, pertenceu à Escola de Frankfurt. Alemão, filho de pais judeus, estudou literatura e filosofia em Berlim e Freiburg. Em 1933, imigrou da Alemanha para a Suíça, e posteriormente para os Estados Unidos, onde obteve a cidadania em 1940. Começou a lecionar teoria política em universidades americanas em 1952. Suas críticas à sociedade capitalista, em especial nas obras *Eros e civilização* e *O homem unidimensional*, influenciaram os movimentos estudantis de esquerda dos anos 1960.

Maria Antonieta (1755-1793): Foi rainha consorte da França, esposa de Luís XVI, e arquiduquesa da Áustria. Era detestada pela corte francesa e logo passou a ser malvista também pelo povo, que a acusava de perdulária e de influenciar o marido em prol dos interesses austríacos. Foi assassinada em 1793, durante a Revolução Francesa.

Marx, Karl (1818-1883): Cientista social, filósofo e revolucionário alemão, participou ativamente de movimentos socialistas. Seus estudos resultaram na obra *O capital*, que exerce até hoje grande influência sobre o pensamento político e social no mundo todo.

McCain, John (1936-2018): Político americano do Partido Republicano, foi senador pelo estado do Nebraska. Nas eleições de 2008, concorreu à presidência, sendo derrotado por Barack Obama.

Meireles, Cecília (1901-1964): Foi professora, conferencista, tradutora e poetisa. Sua poesia, das mais puras e belas manifestações da literatura contemporânea, é marcada por um lirismo excepcional. A marca de sua obra é o sentimento da transitoriedade de tudo, que bem reflete sua compreensão das relações entre o efêmero e o eterno.

Melville, Herman (1819-1891): Escritor, poeta e ensaísta americano, sua obra de maior sucesso é o romance *Moby Dick*, de 1851, que conta a história do ataque de uma baleia a um navio baleeiro.

Mill, James (1773-1836): Filósofo escocês adepto do utilitarismo e pai de John Stuart Mill.

Mill, John Stuart (1806-1873): Filósofo e economista inglês, filho do também filósofo James Mill, teve sua educação orientada desde o início dentro do utilitarismo. É considerado um dos mais importantes pensadores do século XIX.

Montaigne, Michel de (1533-1592): Filósofo, jurista e político francês, defendia o conhecimento de si mesmo como ponto de partida para uma ação em acordo com a verdadeira natureza do homem. Em 1572, começa a escrever os *Ensaios*, cuja edição definitiva viria a público somente em 1595, após sua morte. Na obra, estabelece um vínculo entre sua própria condição humana e o conceito universal do homem.

Newton, Isaac (1642-1727): Físico, astrônomo e matemático inglês, suas descobertas causaram grande impacto na ciência. Em sua principal obra, *Princípios matemáticos da filosofia natural*, estão enunciados os princípios da lei da gravitação universal e também as três leis dos corpos em movimento, que formam a base da mecânica clássica.

Nietzsche, Friedrich (1844-1900): Filósofo alemão, destacou-se pela extraordinária qualidade literária de seus escritos com conteúdo filosófico.

Elaborou críticas devastadoras sobre as concepções religiosas e éticas da vida, defendendo uma reavaliação de todos os valores humanos.

Obama, Michelle (1964): Advogada e escritora *best-seller* americana, foi primeira-dama dos Estados Unidos entre 2009 e 2017.

Orwell, George (1903-1950): Eric Arthur Blair, seu nome de batismo, nasceu na Índia, onde seu pai trabalhava para o Império Britânico. Foi jornalista, crítico e romancista, sendo considerado um dos mais influentes escritores do século XX. Seus romances mais notórios são *A revolução dos bichos* e *1984*.

Oz, Amós (1939-2018): Escritor israelense e cofundador do movimento Paz Agora, sua obra foi amplamente traduzida, sendo contemplado com diversos prêmios literários.

Pascal, Blaise (1623-1662): Filósofo, escritor, matemático e físico francês do século XVII, foi o primeiro grande prosador da literatura francesa. A filosofia apologética criada por Pascal postula que há mais ganho pela suposição da existência de Deus do que pelo ateísmo, e que uma pessoa racional, por prudência, deveria pautar sua existência como se Deus existisse.

Perrault, Charles (1628-1703): Advogado e escritor, entrou para a história da literatura após registrar narrativas de tradição oral e de cunho popular que agradavam tanto ao público infantil quanto ao adulto. Publicou em 1697 seu livro de contos mais ilustre, *Histórias ou contos do tempo passado com moralidades* (mais conhecido pelo nome *Contos da mamãe gansa*), que, tal como indica o próprio título, trazia no final de cada texto uma lição moral, característica marcante do gênero fábula.

Platão (427-347 a.C.): Um dos principais filósofos gregos da Antiguidade, discípulo de Sócrates, influenciou profundamente a filosofia ocidental. Considerava as ideias o próprio objeto do conhecimento intelectual. O papel da filosofia seria libertar o homem do mundo das aparências para o mundo das essências. escreveu 38 obras que, pelo gênero predominante adotado, ficaram conhecidas pelo nome coletivo de *Diálogos de Platão*.

Pound, Ezra (1885-1972): Poeta e crítico literário americano, viveu boa parte da vida na Europa, sobretudo na Itália, onde se aliou ao fascismo. Foi um dos grandes nomes do movimento modernista dos Estados Unidos, sendo considerado responsável por formatar e promover a estética moderna da poesia de língua inglesa. Sua obra exerceu grande influência sobre muitos autores do século XX.

Robespierre, Maximilien de (1758-1794): Advogado e político francês, encarnou a tendência mais radical da Revolução Francesa. Instaurou o regime do Terror e mandou executar Danton, que propunha um rumo mais moderado para a revolução. Morreu guilhotinado.

Rodrigues, Nelson (1912-1980): Jornalista e dramaturgo, é considerado por alguns como a mais revolucionária figura do teatro brasileiro. Seus textos eram permeados de incestos, crimes e suicídios. Entre suas peças, destacam-se *Vestido de noiva* e *Toda nudez será castigada*.

Rorty, Richard (1931-2007): Filósofo americano da escola pragmática, foi um dos mais importantes e influentes intelectuais da segunda metade do século XX.

Roth, Philip (1933): Escritor americano, é neto de judeus que deixaram a Europa com a onda migratória do século XIX. Em 1992, aposentou-se como professor universitário. Autor de contos, romances e ensaios, entre suas obras mais conhecidas estão *Adeus, Columbus*, *O complexo de Portnoy* e *O animal agonizante*. Muito celebrado, entre os prêmios que recebeu estão o National Book Award (1960 e 1995) e o Pulitzer (1998).

Rotterdam, Erasmo de (1466-1536): Filósofo e escritor holandês, foi um dos primeiros autores de grande vendagem no mundo. Dedicou-se à leitura dos clássicos, tornando-se um dos homens mais cultos de seu tempo.

Rousseau, Jean-Jacques (1712-1778): Membro de família protestante francesa, Rousseau nasceu em Genebra, Suíça. Sua obra abrange uma grande dimensão de pensamento e de complexidade sobre a natureza humana e a sociedade.

Russell, Bertrand (1872-1970): Matemático e filósofo britânico, foi um dos mais influentes pensadores do século XX, conhecido por suas campanhas a favor da paz e do desarmamento. Crítico das instituições sociais opressoras, participou ativamente de movimentos pela defesa da liberdade humana. Recebeu o prêmio Nobel de Literatura em 1950.

Saramago, José (1922-2010): Escritor português de projeção internacional, tem numerosos trabalhos traduzidos em diversos idiomas. Trabalhou como serralheiro, desenhista, funcionário de saúde e de previdência social, editor, tradutor e jornalista. Publicou seu primeiro romance em 1947. A partir de 1976, passou a viver apenas de seus trabalhos literários, primeiro como tradutor, depois como autor. Recebeu diversos prêmios, entre os quais o Nobel da Literatura, em 1998.

Shakespeare, William (1564-1616): Embora seus sonetos sejam até hoje considerados os mais lindos de todos os tempos, foi na dramaturgia que o autor ganhou destaque. Escreveu tragédias, dramas históricos e comédias que continuam marcando o cenário teatral da atualidade. O sucesso de seus textos se deve ao fato de lidarem com temas próprios dos seres humanos: amor, relacionamentos afetivos, sentimentos, questões sociais e políticas.

Shi Huangdi (260-210 a.C.): Foi rei do estado chinês de Qin, criando posteriormente o império chinês unificado e dando início à construção da Muralha da China.

Torquemada, Tomás de (1420-1498): Conhecido como O Grande Inquisidor, foi um frade dominicano espanhol que promoveu uma enorme caçada a todos aqueles que se desviassem da fé católica.

Twenge, Jean (1971): Psicóloga americana e pesquisadora, é professora de Psicologia da Universidade Estadual de San Diego, na Califórnia, Estados Unidos.

Vygotsky, Lev Semionovitch (1896-1934): Psicólogo, filólogo e médico, dedicou-se a temas como pensamento, linguagem e desenvolvimento da criança. De sua extensa obra, destacam-se: *Pensamento e linguagem* e *A formação social da mente*.

Wagner, Wilhelm Richard (1813-1883): Compositor, maestro, ensaísta e poeta alemão, é considerado um expoente do romantismo e ocupa posição de destaque entre os compositores de música erudita. Responsável por numerosas inovações musicais, tanto em termos de composição quanto de orquestração, Wagner expandiu e enriqueceu as possibilidades da orquestra sinfônica, deixando importante legado. Além disso, escreveu o libreto de todas as suas óperas. Alguns críticos opinam que *Tristão e Isolda* é sua obra-prima.

Wertham, Fredric (1895-1981): Psiquiatra, pesquisador e escritor alemão, em 1922 se mudou para os Estados Unidos, onde começou a dar aulas na Universidade Johns Hopkins. Ficou conhecido por iniciar uma verdadeira cruzada contra os efeitos supostamente nocivos das revistas em quadrinhos no desenvolvimento infantil, o que levou os editores, pressionados pelo governo americano, a criar o Comics Code Authority, um código de autocensura.